Helga Röhrl

Joni - die Perle

Alles Liebe
und viel
Freude
beim Lesen

Helga

Alle Rechte vorbehalten.
Das Werk und seine Teile sind urheberrechtlich geschützt.
Jede Verwertung bedarf der vorherigen schriftlichen
Einwilligung des Autors.

© Helga Röhrl
Lektorat: Anna-Luise Melle, Sandra Röhrl
Satz: Luca Röhrl, Helga Röhrl
Umschlagfoto, Illustration: Helga Röhrl
Umschlagbearbeitung: Luca Röhrl
Herstellung: Books on Demand GmbH Norderstedt
ISBN 978-3-8448-0589-5

Helga Röhrl

Joni – die Perle

Ein Gartenmärchen

Joni – die Perle

„Franzl, komm mal schnell zu mir! Franzl komm doch mal her, schnell!"
„Ach Gretchen, ich kann jetzt nicht! Ich bin gerade mit den Kräutern beschäftigt!"
Jeden Morgen, bevor Gretchen und ihr Franzl sich gemeinsam an den gedeckten Frühstückstisch auf ihrer schönen Terrasse, mit dem Blick in ihren geliebten Garten setzen, schlendern sie gemeinsam Hand in Hand auf den Wegen zwischen vielen Sträuchern, Rosen-, Blumen- und Kräuterbeeten. Jedes kleine Pflänzchen ihres großen Reiches haben beide in ihr Herz geschlossen, kennen es genau und manche haben sogar einen Namen.
An diesem Morgen jedoch, als Gretchen das Wunder des Erwachens einer rosa Rosenblüte miterlebt, gehen beide getrennte Wege!
„Franzl", ruft Gretchen, „komm schnell zu mir, komm doch schnell! Du musst dir unbedingt eine rosa Blüte von unserem Mariechen anschauen, sie ist so herrlich aufgegangen! Du musst mal an der Blüte von Mariechen riechen, sie duftet heute ganz besonders stark!"
Gretchen lässt nicht locker.
„Ich komm ja schon, ich komm ja schon!"

Abgehetzt kommt Franzl, ihr liebevoller Mann, angerannt und wischt sich dabei an der schon etwas verschlissenen, dunkelgrünen Gartenschürze seine schmutzigen Hände ab. Seine Arbeitsmütze, deren Farbe nicht mehr zu erkennen ist, die er aber jedes Mal, wenn er in den Garten geht, aufsetzt - sei es früh oder am Nachmittag oder am Abend - hängt wie immer schief auf seinem Kopf!
„Gretchen, Gretchen, was gibt es denn so Aufregendes bei unserem Mariechen?"
Gretchen steht gebeugt, ihre Nase berührt fast die aufgeblühte rosa Rosenblüte und blickt ständig auf ein und denselben Fleck in der Blume.
„Franzl, hast du deine richtige Brille dabei? Mit der du was siehst? Schau doch bloß mal in diese Blüte hinein", flüstert sie.
„Gretchen, warum flüsterst du so? Was ist denn da so Besonderes zu sehen? Geh doch mal ein Stückchen zur Seite, damit ich auch hinkomme und hineinschauen kann!"
Gretchen kann sich von der hell angestrahlten Blüte kaum lösen.
„Du Franzl, da ist ein kleines Wesen zu sehen, das sich in dem Duft der Blütenblätter streckt und räkelt! So etwas habe ich ja noch nie gesehen! So etwas Schönes!"
„Na, lass mich doch endlich auch mal in die wunderschöne Blüte von Mariechen sehen."
Neugierig beugt sich Franzl zu der rosa Blume und schaut gespannt hinein.

„Du Gretchen, ich sehe gar nichts, aber rein gar nichts! Wo siehst du denn da etwas?"

„Franzl, du hast wieder mal deine Gartenvergrößerungslupe nicht dabei! Jedenfalls ist da ein kleines Wesen zu sehen! Mir ist noch nie so ein Wesen aufgefallen. Du, jetzt hat es mich direkt angeschaut! Hat das aber ein hübsches Gesichtchen! Nein, so etwas!"

Gretchen ist sehr aufgeregt! Sie stupst ihren Mann vor Begeisterung so schnell am Arm, dass ihr langer, geblümter Rock hin und her wippt.

„Und jetzt hat es mich sogar angelächelt!"

„Ich hol mir schnell meine Gartenvergrößerungslupe. Pass solange auf Gretchen, dass es nicht weg springt!", sagt Franzl, der jetzt natürlich auch sehr neugierig geworden ist.

Franzl geht schnellen Schrittes zu der Terrasse, holt aus der obersten Schublade einer alten Holzkommode seine Gartenvergrößerungslupe heraus und eilt wieder zu Mariechen, dem Rosenstrauch. Vielsagend, wie ein Professor, nimmt er die Lupe in die eine Hand und hält sie vor sein rechtes Auge. Aufmerksam beäugt er den Inhalt der duftenden Blume.

„Na, Franzl, was sagst du zu unser neuen Bewohnerin?", fragt Gretchen.

„Ich bin einfach sprachlos! Ich bin einfach sprachlos! Das ist aber ein zauberhaftes, winziges Geschöpf!"

Bedächtig schüttelt er sein schon etwas betagtes Haupt und steckt die Gartenlupe in seine Schürzentasche.

Zärtlich streicht Franzl mit einer Hand seinem Gretchen über eine, vor Aufregung rot gewordenen Wange und mit der anderen drückt er sie liebevoll an sich.

„Dass wir in der langen Zeit, in der wir den Garten haben, noch nie so etwas Zauberhaftes entdeckt haben", meint er.

Ach, die beiden wunderbaren Menschen leben schon viele, viele Jahre zusammen und lieben sich immer noch wie am ersten Tag. Jeder weiß den anderen zu schätzen, zu achten, Vertrauen gegenseitig aufzubauen, sodass tiefe Liebe die Beiden zusammen geschweißt hat. Gretchen schiebt ihren Franzl zärtlich zur Seite, damit sie auch wirklich das Stimmchen, welches vielleicht von dem kleinen Wesen wahrzunehmen ist, hören kann. Sie tippt den schönen Strohhut auf ihrem Kopf mit dem Zeigefinger in ihren Nacken und presst ihr Gesicht noch näher an die duftende Rose. Mit leiser Stimme fragt sie das kleine Wesen, welches das große Gesicht von Gretchen sowieso schon ständig mit den kleinen Augen beäugt:

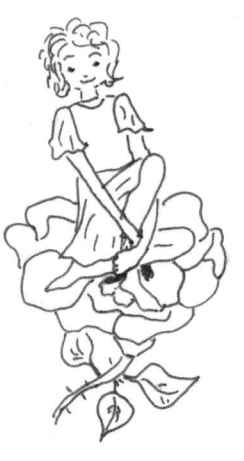

„Sag mal, du kleines Wesen, wer bist du denn eigentlich und was machst du hier in dieser Rosenblüte?"

Und da allen Pflanzen im Garten die Stimmen von Gretchen und Franzl vertraut sind, hat das kleine Wesen bestimmt diese auch schon mal vernommen. Deshalb gibt es auch ohne Scheu zur Antwort:

„Och – och, ich weiß ja auch nicht was oder wer ich bin! Ich bin einfach da und ich weiß nur, dass ich mich in diesen rosa Blütenblättern sehr wohl fühle. Ich atme diesen Duft so gerne ein! Ich weiß nicht, woher ich komme!"

„Steh doch mal auf, ich möchte zu gern wissen, wie groß du bist!", bittet Gretchen, wischt dabei mit ihrem Handrücken die Schweißtropfen von der Stirn, die sich vor lauter Aufregung darauf gebildet haben.

Das kleine Lebewesen steht auf und zeigt stolz sich!

Mit wohlklingendem, feinem Stimmchen fragt es: „Na, wie findest du mich?"

Während die zarten Finger durch das kurze, rötlichblonde, lockige Haar streifen, wartet es gespannt auf eine Antwort.

„Wunderschön, wunderschön!", sagt Gretchen und denkt bei sich: - Nach dem Kleid zu schließen ist es ein Mädchen!

Laut fragt sie:

„Na, und hast du auch einen Namen?"

„Nein, ich habe überhaupt keinen Namen. Wozu brauch ich denn einen Namen?"
„Wir werden uns ja ab jetzt bestimmt öfter sehen, und da möchte ich dich mit einem Namen ansprechen. Ich heiße Grete, aber mein Franzl hier", Gretchen zeigt auf dem neben ihr stehenden Franzl, „er nennt mich Gretchen! Na, und zu dir möchte ich nicht immer kleines Wesen sagen, da wäre es doch schön, wenn du einen Namen hättest – oder?"
Das kleine Wesen freut sich, es klatscht in die Hände und ruft:
„Au ja, ich bekomme einen Namen, au ja, ich bekomme einen Namen! Und woher bekomme ich einen Namen?", fragt es leise, macht sich dabei ganz groß und schaut mit weit aufgerissenen Augen neugierig aus der rosa Rosenblüte heraus.
„Wir werden gemeinsam für dich einen Namen finden, der Franzl, du und ich!"
„Mir wird es großen Spaß machen, für dich einen Namen zu suchen", sagt Franzl.
Nachdem er Gretchen ein bisschen zur Seite geschoben hat, beugt er sich auch über die Blüte und durch die Lupe hindurch erkennt er, wie das Geschöpfchen plötzlich fürchterlich erschrickt! Ängstlich hält es die kleinen Arme vor das Gesicht und ruft jammernd: „Was ist denn das, ich sehe auf einmal alles so groß! Ich habe solche Angst!"
„Du brauchst wirklich keine Angst zu haben, es ist doch nur meine Lupe! Die vergrößert nicht nur

alles für mich, sondern auch für dich! Meine Augen werden für dich riesengroß! Weißt du was kleines Wesen, ich halte dir jetzt meinen kleinen Finger hinein und du darfst dich auf ihn setzen, ja?"

Ein bisschen zögerlich klettert das leichte Wesen an den rosa Blütenblättern empor und setzt sich auf den kleinen Finger. Franzl hebt es vorsichtig und stolz aus der Blüte heraus.

„Halt dich ruhig fest, Kleines! Du brauchst keine Angst zu haben, ich halte dich und lass dich nicht fallen!"

„Was machst du da mit mir? Wohin trägst du mich?", gespannt schaut es dabei in Franzls Augen.

„Lass dich überraschen! Halt dich einfach fest, du kleines Geschöpf! Gretchen und ich zeigen dir jetzt unser schönes Gartenreich! Dein Reich - die Rose Mariechen - kennst du ja schon! Doch nun sollst du unser großes Reich kennen lernen", flüstert Franzl.

„Oh, ist das aber schön! Ich sehe so viele Dinge, so viele Bäume und Sträucher! Und Blumen! Die Schmetterlinge, die vielen Vögel, die Fliegen, alles schwirrt in der Luft herum – oh, wie schön!"

„Woher kennst du das alles - die Bäume, die Sträucher? Ich dachte, du bist vielleicht in der Rose geboren!"

Gretchen ist sehr erstaunt, weil das kleine Wesen über all die Dinge Bescheid weiß - ja, alles kennt!
„Aber nein! Ja, ja die Natur kenne ich schon, aber wo und wann ich sie gesehen habe, das weiß ich nicht!", sagt das Wesen nachdenklich, während es sich auf dem Finger sehr gemütlich gemacht hat.
„Es ist schön Franzl, auf deinem Finger!", lacht es. Franzl freut sich und genießt mit Wohlwollen das zarte Lachen.
„Es klingt wie ein zartes Glöckchen", denkt er bei sich.
„Aus meiner Blüte habe ich ja schon den Himmel gesehen, aber über den Rand der Rosenblätter habe ich noch nicht geschaut. Ach Gretchen, ist das schön!"
„Schau einmal", sagt Franzl, als sie an einem blühenden Mandelbäumchen vorbei spazieren, „das Bäumchen hier heißt Hansi, ich liebe es sehr. Und der weiß blühende Strauch ist ein Jasmin, er heißt Klausi! Ich habe ihn nämlich von meinem Bruder Klaus geschenkt bekommen. Und der hier Chrisi!"
„Und wie heißt der schöne Strauch dort, mit den großen Blüten, der so gut duftet, fast so wie meine Rose?", fragt das Wesen aufgeregt.
„Das ist ein Fliederstrauch, ihn lieb ich sehr," erwidert Gretchen.
„Das glaube ich, er ist auch wunderschön! Und wie heißt er?"
„Er heißt Jonathan", gibt Franzl zur Antwort.

„Und weißt du auch warum er Jonathan heißt? Unser Enkel Timmy nennt seinen Schutzengel immer Jonathan und so heißt dieser wunderschöne Strauch auch - Jonathan!"
„Schön, schön, aber ich möchte auch so einen schönen Namen haben, ich freue mich schon sehr auf einen schönen Namen", sagt das Wesen.
In dem herrlichen Garten lernt es viele Pflanzen kennen.
„Und jetzt, kleines Wesen mit dem hübschen rosa Kleidchen, zeige ich dir zum Schluss etwas sehr, sehr Schönes. Aber da musst du leise sein, damit du auch wirklich das Singen der Blumenelfen hörst", sagt Franzl.
Er trägt es zu einem Beet mit vielen bunten Blumen, deren Blüten in allen Farben schon von weitem in der Sonne leuchten. Und duften! Viele Bienen und Fliegen schwirren summend zwischen den einzelnen Blüten herum. Sie bleiben eine Zeit lang sehr ruhig stehen und das Wesen wartet gespannt auf den Gesang. Gretchen verschränkt ihre Arme auf den Rücken, beugt sich ein bisschen nach vorne und wartet jedes Mal aufs Neue auf dieses faszinierende Naturerlebnis. Es dauert auch gar nicht lange und schon hört dieses liebliche Wesen auf Franzls bequemen Finger die ersten bezaubernden Töne.
„Oh – wie schön!"

Jedes Blümchen hat ein zartes Elfchen,
jedes Elfchen ein liebliches Gesicht.
Wenn du es einmal erblickst
vergisst du es sicherlich nicht.

Es wohnt in bunten Blüten
in Tulpen und Anemonen,
in Akelei und Löwenzahn,
in Tausendschön und Maronen.

Und wenn es einmal müde ist
streckt es voller Wonne,
die Flügelchen und Beinchen aus
in der warmen, klaren Sonne.

Freudig kommt es angeflogen
mit all den herrlichen Gaben,
den wunderschönen Blumen,
mit vielen bunten Farben.

Jedes Blümchen hat ein zartes Elfchen,
jedes Elfchen ein liebliches Gesicht.
Wenn du es einmal erblickst,
vergisst du es sicherlich nicht!

Das kleine Wesen kann überhaupt nichts mehr sagen, es ist so fasziniert von diesem Gesang.

„So etwas Schönes habe ich ja überhaupt noch nie gehört. Ich werde heute Nacht bestimmt davon träumen!"
Nach der doch ein bisschen anstrengenden, aber sehr schönen Besichtigung, wird es wieder in die Rose getragen, in der es sich müde räkelt.
„Ach, dieser wundervolle Gesang und der schöne Name Jonathan! So einen möchte ich auch haben – ich möchte auch so einen Namen haben wie Jonathan!"
In der nächsten Sekunde lässt es sich in den Blütenduft hineinträumen.
„Es ist zwar noch nicht Abend, aber der Spaziergang war doch sehr anstrengend für dich, du kleines Wesen. Schlaf gut und träum schön! Franzl, bestimmt träumt es von einem schönen Namen", meint Gretchen liebevoll.
Am Abend, als Gretchen und Franzl in ihrem Bett liegen, sind sie sehr glücklich.

Ich bin's – die Joni

Die Sterne glitzern am Himmel!
Der Mond scheint, es ist fast taghell!
Vielleicht dachte das kleine Wesen auch, dass es Tag wäre, als es in der Nacht wach wird und tatsächlich übermütig, aber doch recht vorsichtig aus der Rosenblüte heraus hüpft, um diese ja nicht zu verletzen.
Beschwingt macht es sich auf dem Weg zum Fliederstrauch - zu Jonathan!
„Hallo, du duftender, bezaubernder Strauchflieder, hallo!"
Doch der Fliederstrauch gibt keine Antwort!
„Ja, sag einmal, warum hörst du mich denn nicht!"
Das Wesen zupft an den Blättern, die in erreichbarer Höhe hängen.
„Ich war doch heute Nachmittag mit Gretchen und Franzl schon bei dir! Erkennst du mich nicht mehr, ich habe auf dem Finger von Franzl gesessen!"
„Nein", gibt der Fliederstrauch mürrisch zur Antwort, „das kann doch gar nicht sein! Du hast wirklich nicht auf den Finger gepasst! Bestimmt bist du ein bisschen größer als Franzls kleiner Finger. Und übrigens wollte ich nicht unbedingt im Schlaf geweckt werden!"
„Ach du meine Güte, das wollte ich aber bestimmt nicht, dich wecken! Entschuldige bitte! Nee, da täuscht du dich sehr, denn ich war ganz gewiss auf

dem Finger von Franzl gesessen, aber ganz gewiss! Ich habe sogar noch sehr viel Platz auf dem Finger gehabt! Jetzt bin ich gekommen, um dir zu sagen wie großartig du bist und wie herrlich du duftest! Du Strauchflieder mit den schönen blauen Blüten, verzeihst du mir bitte, weil ich dich gestört habe?"
„Erst einmal heiße ich nicht Strauchflieder, dann schon besser Fliederstrauch! Und zweitens habe ich dir doch schon längst verziehen! Das finde ich aber schön, dass dir mein Duft so gefällt, vielen Dank!", erwidert der Strauch.

„Du Strauchflieder, ach - nein Fliederstrauch, ich habe wieder vergessen, wie Gretchen und Franzl dich nennen! Ich finde den Namen so hübsch. Wie war er denn gleich – war er Juntan – oder Jonatun – oder Jona – oder Joniton? Wie heißt du - du schöner Fliederstrauch?"

„Ich heiße Jonathan! Kannst du dir das merken, du entzückendes, kleines Wesen? Aber wie heißt du denn eigentlich?", fragt Jonathan.
Während das Wesen auf einem Ast des Fliederstrauches in die Höhe krabbelt, überlegt es krampfhaft, wie es wohl heißen könnte!
Alle Namen, die es zu dem Fliederstrauch gesagt

hatte, gingen durch seine Gedanken!
„Na, wie heißt du? Ich bin ja schon sehr neugierig auf deinen Namen!"
„Ach, ich, ich, ich, ich habe doch noch...! Ach, wie heiße ich denn bloß?", es denkt ein bisschen nach!
„Ich – ich – ich heiße Joni! Ich heiße Joni! Ja, ich heiße Joni! Was für einen schönen Namen ich habe – ich heiße Joni! Joni heiße ich! Jonathan – ich heiße Joni! Ich freue mich so, ich habe einen Namen, ich heiße Joni! Ist mein Name nicht schön, Jonathan?"
„Sehr, sehr schön, Joni! Weißt du warum ich Jonathan heiße, Joni?".
„Ja, Gretchen und Franzl haben es mir erzählt", gibt Joni zur Antwort. „Es ist eine sehr schöne Geschichte und für dich bestimmt eine große Ehre, diesen Namen zu tragen".
„Ja, das finde ich auch. Schön nicht, du kleine Joni?"
„Ja, aber ich habe jetzt ebenfalls einen schönen Namen – ich heiße Joni!"
Das Wesen kann es immer noch nicht begreifen, dass es für sich selbst einen Namen gefunden hat.
„Jetzt kann ich immer Joni zu dir sagen und nicht mehr kleines Wesen! Aber so klein wie heute Nachmittag bist du wirklich nicht Joni!", sagt Jonathan.
Neugierig beäugt er sie und wundert sich sehr, dass Joni nicht bemerkt hat, dass sie nicht mehr so klein

ist, dass sie einfach so mir nichts, dir nichts gewachsen ist! Joni schaut an sich herab, so gut es auf dem Ast geht und erkennt mit Schrecken, dass ihre Beine und Arme tatsächlich länger als zuvor sind!

„Jonathan, was ist mit mir passiert? Ach du Schreck, was ist nur mit mir los? Ich habe ja richtig Angst".

Schnell hüpft Joni zitternd vom Fliederstrauch herab, geht auf einen großen, mit viel Moos und bunten Blumen bewachsenen Stein zu. Er liegt auf einem kleinen Platz, gleich neben dem Fliederstrauch. Im Mondschein schimmert dieser beinahe ein bisschen golden. Mit einem Satz springt Joni auf den Stein, und da der Mond so hell scheint, so dass man denkt es sei Tag, kann sie sich ausführlich betrachten, von oben bis unten und umgekehrt.

„Na, was sagst du jetzt Joni, bist du nun größer als heute Nachmittag oder nicht!", lacht Jonathan, der Fliederstrauch.

„Wie kommt denn das? Gretchen und Franzl werden mich gar nicht mehr erkennen! Irgendwie ist das schon Schade, ich wäre schon gerne klein geblieben", jammert Joni. „Vielleicht pass ich ja gar nicht mehr in Duftrose hinein!"

„Jetzt wird nicht gejammert! Weißt du Joni, es hat nämlich alles seinen Sinn und wer weiß, für was das gut ist, dass du jetzt im Moment groß bist",

erklärt ihr der Fliederstrauch, „und weißt du was, groß gefällst du mir auch sehr gut!"
„Meinst du wirklich? Dann ist es ja gut!"
„Mir gefällst du auch so gut! Ich habe nicht schlafen können bei eurem Lärm und so bin her gekommen, um zu sehen, was hier eigentlich los ist?" Es ist eine Maus, die sich am Stein mit ihren Vorderpfoten hoch stemmt.
„Oh – oh Jonathan, jetzt müssen wir aber leise sein, sonst wecken wir ja den ganzen Garten auf!", flüstert Joni.
„Wir sind schon alle wach geworden", sagt eine Schnecke, die lachend an gekrochen kommt. Joni bewegt sich auf ihrem Platz in dem Schein des Mondes und dem Glitzern der Sterne sehr graziös. Immer wieder schaut sie an sich herab und entdeckt dauernd etwas Neues.
„Schau doch mal Jonathan, was für ein schönes, buntes Kleid ich auf einmal anhabe. Der Rock hat viele kleine Punkte und sogar Fransen an der Seite! Und flatternde Ärmel hat es, die so aussehen wie die Flügel einer Elfe."
Joni ist entzückt von ihrem Kleid, dreht sich stolz

nach allen Seiten um und hat das Gefühl, als würde sie mit ihrer Show den ganzen Garten vor Begeisterung mitreißen, sie hört leises Klatschen und Lachen.

„Ja, meine kleine Freundin Joni, du siehst wunderschön aus", sagt Jonathan. Joni hört nicht auf, sich zu betrachten.

„Und meine schönen, schönen Haare mit dem Blumenkränzchen! Ich bin ja ganz stolz auf mich. Aber was ist bloß mit meinen Beinen und Armen los?", sagt sie auf einmal erschrocken, „die gefallen mir ja gar nicht. Solche langen Beine sehen ja gar nicht schön aus. Ach, Jonathan, schau doch bloß mal her!"

Vor lauter Betrachten ihres Kleides, ist ihr nicht aufgefallen, wie schrecklich lang und dünn ihre Beine und Arme auf einmal aussehen.

„Was hab ich denn plötzlich für fürchterlich lange Beine und Arme! Die hatte ich doch vorher nicht!"

„Natürlich hast du sie nicht gehabt, da warst du ja noch klein. Siehst du, so wie ich es dir gesagt habe, du warst kleiner auf Franzls Finger. Jetzt würdest du wirklich nicht mehr darauf passen!", sagt Jonathan und lacht dabei so, dass seine vielen Blätter am Strauch hin und her wackeln.

„Aber Jonathan, da gibt es doch gar nichts zu lachen, die gefallen mir wirklich gar nicht – die langen Beine und Arme! Sieh doch mal, ich kann ja fast einen Knoten aus ihnen machen!

Ach, und so lang und dünn sind sie."
Joni strengt sich an, ihre Beine zu verknoten, aber es gelingt ihr nicht, denn so lang sind sie nun auch wieder nicht.
„Die Schuhe, die du anhast sind aber sehr, sehr schön", schaltet sich nun eine zarte Grille in das Gespräch, die auf die Schuhe gehüpft ist und diese bewundert.
„Da hast du Recht", sagt Joni nach näherer Betrachtung, „die roten Schuhe, die da an meinen Füßen hängen, sehen wirklich nicht schlecht aus!"
„Weißt du was, Joni, du bist ja eine richtige kleine Meckerliese."
Jonathan ist traurig, dass seine neue Freundin so unzufrieden ist.
„Was ist eine Meckerliese?", fragt Joni mit großen Augen.
„Das ist jemand, der nur über sich schimpft – er habe lange Beine, zu lange Arme, zu kurzes Haar und so weiter!"
Plötzlich sagt eine Elster die gerade an geflogen, kommt und sich neben Joni setzt:
„Was soll ich denn sagen, ich bin nur schwarz gekleidet, habe dünne Beine und einen langen, Schnabel. Aber ich fühle mich so undenkbar schön, die Natur hat mir nämlich meine Schönheit geschenkt!"

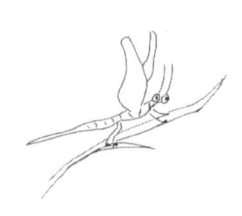

Nun schämt sich Joni! Zuerst hat sie sich doch über ihren selbst gefundenen Namen gefreut und jetzt macht sie so schreckliche Sachen.

„Nie mehr werde ich unzufrieden sein, das verspreche ich euch allen!"

„Siehst du, jetzt freust du dich darüber, wie hübsch du aussiehst mit deinen langen Beinen und deinen langen Armen", sagt Jonathan.

„Oh, ich freu mich sehr darüber und es freut mich auch, dass ich so groß bin! Wer weiß, für was alles gut ist!"

„Eben! Genau, da hast du Recht", ruft eine Biene mit ihrer, etwas piepsigen Stimme, die heftig um Joni herumschwirrt.

„Ach du meine Güte, da haben sich ja alle Bewohner des großen Gartens um uns versammelt, Jonathan. Haben wir euch alle geweckt? Das tut mir aber leid! Das wollten wir aber nicht, gell Jonathan?"

„Nicht so schlimm, es ist sehr interessant, dir und Jonathan zuzuhören, da ist wenigstens Mal was los bei uns!"

Einer nach dem anderen gibt seinen Kommentar dazu – die Mäuse – die Würmer – die Schnecken - die Vögel – die Bäume!

Jedenfalls jeder, aber auch jeder hat Joni in sein Herz geschlossen.

„Wo wohnst du denn, Joni", fragt der Schmetterling, der die gleiche Farbe hat wie ihr Kleid – bunt - und der ständig vor ihrer Nase herumflattert.

„Ich wohne wie ihr alle auch in dem Garten, in dem schönen Garten von Gretchen und Franzl", sagt Joni, „ich wohne ganz in eurer Nachbarschaft! Kennt ihr das Mariechen, den Rosenstock? Da wohne ich!"

„Ja, natürlich kennen wir das Mariechen! Da ist es bestimmt sehr schön, es duftet dort immer so gut", sagt ein Salamander, „ich krieche dort so gerne vorbei. Au ja, da komme ich dich mal besuchen Joni!"

„Und wir kennen selbstverständlich auch Gretchen und Franzl! Gell, die sind lieb?", sagt die Schnecke eifrig.

„Die Beiden haben noch nie etwas Böses zu sich gesagt, ist das nicht schön?", schnurrt Kitti, die Katze, die soeben auf den Stein gehüpft ist! Sie streicht um Jonis lange, dünne Beine und ereifert sich:

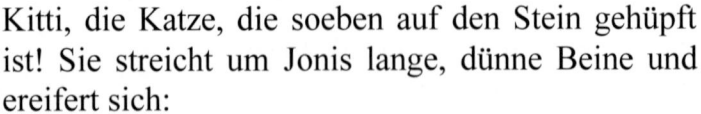

„Ich darf nämlich manchmal, wenn ich möchte, auf der Bettdecke bei Gretchen und Franzl schlafen."

„Ach wie schön", sagt Joni und streichelt zärtlich die schwarz – braun - weiße Katze. „Weißt du überhaupt Kitti, dass du eine Glückskatze bist? Du

hast drei Farben, du kleine Glückskatze du!"
„Joni, jetzt verschwindet der Mond gleich hinter einer dicken Wolke. Ich glaube, du musst nach Hause gehen", meint Jonathan, der Fliederstrauch.
„Und wie soll ich bitte schön in mein zu Hause kommen? Ich pass jetzt doch bestimmt nicht mehr in meine schöne Rose hinein! Wie soll ich das bloß machen, Jonathan?"
„Du nimmst ein paar Blätter und richtest dir unter dem Rosenstrauch ein Bettchen zum schlafen!", gibt dieser zur Antwort.
„Da muss ich mich jetzt von euch verabschieden!" Traurig schaut Joni ihre neuen Freunde an, sie möchte einfach noch nicht gehen!
„Schau mich doch bitte, bitte nochmals an Joni", wünscht Jonathan.
Er ist plötzlich sehr verwundert!
Traurig blickt Joni abermals zu Jonathan hinauf.
„Kommt mal zu mir! Schnell! Kommt zu mir her und schaut euch doch nur Joni's Augen an! Nein, so etwas habe ich ja noch nie gesehen! Nein so etwas Schönes habe ich noch nie gesehen!"
Joni erschrickt!
„Was ist mit meinen Augen Jonathan? Sag, was ist mit meinen Augen?"
„Joni, ich kann dir gar nicht sagen, wie schön deine Augen auf einmal sind, die sind so wunderschön und im Mond leuchten sie besonders glanzvoll!"
Alle kleinen Tiere die man aus einem Garten kennt,

stehen verblüfft um Joni herum und betrachten interessiert ihre Augen.

„Nun sagt schon, was ist mit meinen Augen los, ich möchte endlich wissen, warum ihr mich so anstarrt?"

Selbst Kitti kann sich von den Augen nicht lösen.

„Joni, du hast wirklich besonders bezaubernde Augen, solche Augen, dass man denkt, du hättest einen wertvollen Stein darin!"

„Ich möchte meine Augen auch gerne sehen!"

Jetzt meldet sich Jonathan wieder zu Wort:

„Deine Augen wirst du bestimmt irgendwann einmal fühlen können! Aber jetzt ab nach Hause, der Mond verschwindet hinter einer dicken Wolke, dann ist es finster und du findest deinen Rosenstrauch, das Mariechen, nicht mehr. Und schlafen musst du doch auch noch!"

„Ja, ja ich geh ja schon, ich geh ja schon! Gute Nacht alle miteinander! Schön war es bei euch, so schön. Ich hoffe, dass wir uns bald wieder sehen!"

Mit ihren, für Joni sehr ungewohnt langen Beinen, läuft sie fast schwebend auf ihr Mariechen zu und versucht langsam an den kleinen Ästen, an den Stacheln empor zu klettern.

Doch was passiert mit Joni?

Plötzlich werden ihre Beine wieder kürzer, der Körper wird kleiner und deshalb krabbelt sie auch mühelos in ihre herrlich duftende Rosenblüte. Vorsichtig legt sie ihren Kopf auf einen, ebenfalls

kürzer gewordenen Arm und murmelt noch, bevor sie einschläft:
„Wenn ich aufgewacht bin, werde ich Gretchen und Franzl gleich erzählen, dass ich einen Namen für mich gefunden habe. Joni – was für ein schöner Name - Joni!"
Danach schläft sie sofort ein.

Traum oder Wirklichkeit

Am Morgen, als sie sich nach ihrem tiefen Schlaf gedehnt und gestreckt hat, lehnt sie sich an einem Blütenblatt so weit heraus, dass eine kleine Blaumeise, die gerade neben ihr auf einem Ast sitzt, singt: „Guten Morgen, du kleine Joni! Pass auf, sonst fällst du noch aus deiner Blüte hinaus!"
Aber die kleine Joni bemerkt die Blaumeise nicht, sondern achtet aufgeregt auf die Schritte, die auf einem der Gartenwege zu hören sind.
„Gretchen und Franzl kommen, Gretchen und Franzl kommen! Gretchen, Franzl, hört ihr mich, ich habe einen Namen gefunden, ich habe heute in der Nacht einen Namen für mich gefunden! Ich heiße Joni, ich heiße Joni!"
Es dauert danach nur noch ein paar Sekunden und schon stehen Gretchen und Franzl vor ihr.
Franzl hat natürlich seine Gartenmütze wieder schief auf dem Kopf, aber sein Gartenmonokel hat er auf alle Fälle dabei. Er hält es schon in seiner rechten Hand, hält es an sein Auge und begrüßt Joni liebevoll:
„Guten Morgen, unsere Kleine! Ja, ja mein kleines

Wesen, ich habe dich schon verstanden! Du hast heute Nacht einen Namen für dich gefunden? Na, das ist ja wunderbar! Sag ihn uns nochmals, er klingt so wunderschön aus deinem Mund!"
„Ich heiße Joni – Joni – Joni!", ruft Joni so laut sie kann!
„Wo hast du denn den her, Joni? Oder ist es vielleicht dein Name, den du früher schon einmal gehabt hast?", fragt Gretchen.
„Nein, nein ich habe früher keinen Namen gehabt, oder habe ihn vielleicht vergessen. Jetzt habe ich aber einen gefunden und der ist Joni!"
„Wo hast du denn nur diesen wunderschönen Namen auf einmal her?", fragt Gretchen neugierig, „ich möchte jetzt schon alles wissen!"
„Ich habe heute Nacht geträumt, so schön geträumt und in diesem Traum habe ich den Namen gefunden!"
„Weißt du was, kleine Joni, du setzt dich jetzt auf meine Schultern, wir wandern durch den Garten und dabei erzählst du Gretchen und mir deine Geschichte, ja?", sagt Franzl.
„Au ja, da mach ich mit!", sagt Joni.
Hastig, so schnell kann Franzl gar nicht schauen, sitzt sie auch schon auf seinen Schultern, direkt neben seinem Ohr, damit er wirklich den eifrig und schnell erzählten Traum gut erfassen kann. Sogar Gretchen hält ihren Kopf recht schief, damit sie ja nichts von diesem Gespräch verpasst. Sie lehnt sich

mit ihrem Körper so sehr an ihren Franzl, dass es diesem direkt schwer fällt, anständig zu laufen!
„Ja, in diesem Traum habe ich mich bei Mondschein auf den Weg gemacht, um Jonathan, den Fliederstrauch zu besuchen. Na ja, da wusste ich nicht ..", fing Joni an zu erzählen.
„Hallo Joni, wir treffen uns doch heute Nacht bestimmt wieder?", fragt die Schnecke, die im grünen Gras sitzt, als Franzl stehen bleibt und genau zuhört.
„He, wieso treffen wir uns heute Nacht wieder?", fragt Joni erstaunt.
„Na sag bloß, du kannst dich nicht mehr an letzte Nacht erinnern!"
Die Schnecke schüttelt ihren Kopf und kriecht langsam weiter.
Ohne weiter auf die Schnecke zu achten, erzählt Joni ihren Traum eifrig weiter, ja bis eine Raupe vorbei gekrochen kommt und lispelt:
"Hallo Joni, ich freu mich schon auf heute Nacht! Ich freue mich auf dich!"
„Was ist hier eigentlich los, ich erzähle euch meinen Traum und jetzt erkenne ich immer mehr, dass es ja gar keiner war! Ja, jetzt fällt es mir wieder ein, es war ja gar kein Traum, es war Wirklichkeit. Jetzt weiß ich noch, dass ich größer

geworden bin, dass ich plötzlich gewachsen bin. Aber warum bin ich nur so gewachsen und warum bin ich jetzt nicht mehr groß? Franzl und Gretchen, ich werde später weiter erzählen, jetzt muss ich erst einmal richtig nachdenken!", sagt Joni geistesabwesend. Sie kann einfach nicht verstehen, was tatsächlich passiert ist.

„Wie bin ich nur wieder in meine Rosenblüte gekommen, in der ich auch noch so schön geschlafen habe?"

Zum Weitererzählen ihres Traumes kommt Joni natürlich nicht mehr, denn solange sie auf Franzls Schultern sitzt und sie gemeinsam durch den Garten spazieren, hört sie aus allen Ecken:

„Joni, liebe Joni, wir freuen uns schon alle auf das gemeinsame Mondscheintreffen. Du kommst doch wieder? Es war ja so schön mit dir!"

„Ja, ja selbstverständlich komme ich, mir hat es ja mit euch so gut gefallen!", erwidert Joni.

Langsam aber sicher dämmert es ihr, dass der Traum Wirklichkeit war.

So neugierig wie Gretchen nun mal ist, möchte sie doch alles genau wissen und lässt Joni nicht mehr in Ruhe.

„Joni, was für ein wunderschöner Name, er passt so gut zu dir, gell Franzl!"

Franzl nickt nur mit dem Kopf! Er ist froh, dass Gretchen nicht so viel redet und ihn nicht bedrängt! Ja, auf seine schief sitzende Mütze muss er ja auch aufpassen. Das konzentrierte Laufen durch den Garten strengt ihn nach einiger Zeit schon sehr an und so ist er dann doch froh, als er Joni wieder in der Mariechenblüte absetzen kann.

Glücklich legt sich Joni in ihre Blüte und lächelt selig vor sich hin.

Sie denkt an den vorangegangenen herrlichen Spaziergang, an die vielen bunten Schmetterlinge, an die duftenden Blumen und Sträucher, ach, an den wundervollen großen Garten von Gretchen und Franzl!

Und natürlich denkt Joni ja auch an Franzls breite, starke Schulter, von der sie alles so gut betrachten hatte, von der sie auch all die Worte am besten hören konnte, die ihr die Tiere so zugeworfen haben.

Leise summt Joni das Elfchenlied und schlummert so vor sich hin bis es finster wird.

„Joni – Joni – wann kommst du? Joni – wir warten schon alle auf dich!"

Immer wieder hört sie aus weiter Ferne ihren Namen und Joni wird dadurch endgültig wachgerüttelt! Während sie ihre Beine und Arme voller Wonne streckt, flüstert sie leise vor sich hin: „Oh – wie bin ich stolz, dass ich mir doch so einen tollen und wunderschönen Namen ausgedacht habe! Wie schön er sich anhört, wenn meine Freunde mich so rufen!"

Schnell richtet sie mit ihren zierlichen Händen die

kurzen, lockigen Haare zu recht, krabbelt aus ihrer Rosenblüte, an den Stängeln hinunter und macht sich auf den Weg zu dem Platz, auf dem all ihre Freunde auf sie warten.

Im hellen Mondschein glänzen die Blätter der Bäume, die Sträucher, die Blumen im Garten so prachtvoll wie die Kerzen bei einem Fest im Ballsaal eines Schlosses.

Um nun schneller bei ihren Freunden sein zu können, versucht Joni, hastig zu rennen, aber sie kommt so beschwerlich von der Stelle, dass sie glaubt, ihr Ziel überhaupt nicht mehr erreichen zu können. Während sie versucht eilig zu laufen, bleibt Joni immer wieder stehen und wundert sich über ihre tollpatschige Fortbewegung. Zuerst läuft sie noch wie sie es gewohnt war, aber plötzlich wurden ihre Schritte immer länger und länger.

„Was ist denn schon wieder mit mir los? Was passiert da dauernd mit mir?", fragt sie sich.

Während sie sich bewegt schaut Joni an sich hinunter, bleibt ab und zu erschreckt stehen und erkennt mit Bestürzung wieder die langen Beine mit den ulkigen Schuhen an ihren Füssen, ihre immer länger werdenden Arme und das schöne bunte Kleid mit den Armflügelchen.

„Ich möchte nur mal wissen, was mit mir eigentlich schon wieder passiert? Ja - das möchte ich wirklich wissen! Einmal bin ich klein - dann wieder groß, dann bin ich auf einmal klein! Das ist ja direkt zum

verrückt werden!"
Während sie sich laufend beobachtet, schüttelt sie nachdenklich ihren Kopf.
„Eigenartig – eigenartig!"
An dem großen, bewachsenen Stein wird Joni schon von all ihren neuen Freunden sehnsüchtig erwartet.
„Aber sag mal Joni, was ist schon wieder mit dir passiert, du bist ja schon wieder so gewachsen! So schnell möchte ich auch mal groß werden", meint ein Eichhörnchen, „und vor allem auch so hübsch! Meine Güte Joni, bist du hübsch!"
„Ach, so schön ist das gar nicht immer wieder plötzlich zu wachsen! Ich weiß ja auch nicht einmal, warum bei mir plötzlich alles so viel größer wird! Als ich gerade zu euch auf dem Weg war, bin ich einfach gewachsen! Ist das nicht komisch? Ich will mich mit meinen Freunden treffen und schon wachse ich!"
„Nicht traurig sein, Joni", tröstet der Fliederstrauch Jonathan, „wer weiß für was es gut ist!"
„Aber weißt du Jonathan, es ist ja alles gut und schön! Aber möchtest du vielleicht immer plötzlich wachsen? Dann wieder nicht? Bestimmt nicht! Ich möchte ja nur wissen, was mit mir passiert - das möchte ich einfach wissen! Mal bin ich die Kleine - dann wieder die Große! Meinst du das ist schön?"

Nachdenklich schüttelt sie ihren Kopf während sie sich von oben bis unten betrachtet. Alle, die sich zu dieser Versammlung eingefunden haben, sind erstaunt über die wieder errungene Größe!
„Heute Nachmittag hast du so gemütlich und glücklich auf Franzls Schultern gesessen! So groß wie du jetzt bist, hättest du gar nicht darauf Platz gehabt. Und soll ich dir mal was sagen Joni, heute Nachmittag hast du auch viel glücklicher ausgesehen!", flüstert ein Tier, das Joni noch nicht kennt!
„Ja sag mal du kleines Tierchen, wer bist du denn? Du hast ja so schöne lange Beine und Arme - fast wie ich jetzt! Und so schön grün siehst du aus! Ach und so toll springen kannst du auch?", sagt Joni als sie bemerkt, dass dieses Tier zu ihr hüpft!
Sie streckt ihren langen Arm aus und berührt es.
„Ach herrje, wieso bist du denn so glitschig?"
„Ich bin doch ein Frosch, ein Frosch bin ich! Frösche sind nun mal so glitschig! Hast du noch nie, nie einen Frosch gesehen?", fragt er.
„Nein, nicht dass ich wüsste! Und wie heißt du denn?"
„Man nennt mich Grüni, weil ich eben so grün bin! Ich finde meine grüne Farbe toll!"
„Ich muss schon sagen, du gefällst mir und weißt du auch, warum?"
„Nee, weiß ich nicht!"

„Na, weil du eben so lange Beine und Arme hast wie ich jetzt! Deswegen gefällst du mir so gut! Aber ich bin sehr traurig, über das, was da mit mir laufend passiert!", meint Joni.

„Hm - hm – hm – hm", äußert sich Jonathan plötzlich sehr bedenklich. „Weißt du, Joni, mir ist etwas aufgefallen! Denk einmal genau nach, vielleicht glaubst du dasselbe wie ich!"

„Ach Jonathan, ich kann gar nicht mehr denken! Aber ich weiß nur eines, dass ich nicht so durch mein Leben gehen möchte, einmal groß – einmal wieder klein! Da werd ich doch noch ganz rappelig!", erwidert Joni wütend.

Nachdenklich wiegt Jonathan seine Äste hin und her und denkt für sich:

`Lieber beobachte ich diese Verwandlung morgen Abend noch einmal bei aktuellen Vollmond, bevor ich meine Vermutung Preis gebe!`

Um Joni ein bisschen zu trösten, meint er:

„Wir freuen uns jedenfalls alle, dass du hier bist. Uns hat es doch gestern Abend so gut mit dir gefallen. Ob du nun gewachsen bist oder nicht! Oder ob du ein buntes oder ein rosa Kleid an hast, das ist uns so egal! Wir sind jedenfalls glücklich, wenn du bei uns bist!"

„Das freut mich sehr, lieber Jonathan!"

Joni hat sich wieder beruhigt und ist glücklich, dass sie so viele Freunde gefunden hat!

Krümel und Kitti – die Katzen

Kitti, die Katze von Gretchen und Franzl, kommt an diesem Abend langsam angeschlichen, als würde sie einen großen Kummer mit sich herum tragen. Sie bewegt sich auf Joni zu und streicht ihren hübschen Körper zur Begrüßung um deren langen Beine herum. Traurig hängt ihr Kopf zwischen den Schultern und die Katzenstimme klingt bei der Begrüßung kläglich.
„Was ist denn nur mit dir los, kleine Kitti?", fragt Joni mitfühlend.
„Ach weißt du, liebe Joni, ich bin so traurig! Geh ich gestern früh mit meinem Bruder, dem Kater Krümel, den ich doch so sehr lieb habe, durch das Dorf spazieren und da kommt plötzlich so ein blöder Kater auf uns zu und greift uns an, obwohl wir gar nichts gemacht haben. Ich bin gleich weg gesprungen, aber meinen Krümel hat er so erwischt, hat ihm doch tatsächlich ein großes Loch in sein schönes graues Fell gebissen! Krümel hat dann so laut geschrien, dass es fast jeder im Dorf gehört hat. Gretchen ist mit ihm gleich zum Arzt gefahren, aber es geht ihm immer noch nicht besser! Gretchen sagte zu Franzl: das war bestimmt der Pirat! So nennen sie den fremden Kater, weil er

so ein Aussehen hat, kleine Augen und einen ganz bösen Blick! Aber wir kannten diesen Pirat noch gar nicht, wir sind doch gar nicht so lange auf der Welt, dass wir ihn kennen müssten. Und nun liegt der Krümel in seinem Körbchen in der Küche."
Kitti hört gar nicht mehr auf, zu berichten.
„Das tut mir aber schrecklich leid, Kitti! Es ist ja auch schade, dass er nicht bei uns sein kann, dein Krümel. Ich habe eine Idee! Wir werden ihn jetzt einfach zu uns hierher holen! Seid ihr alle damit einverstanden?", fragt Joni die Runde.
„Selbstverständlich machen wir alle mit!"
Nur einer hält sich mit der Begeisterung zurück, Jonathan, der Fliederstrauch!
„Ich finde es keine so gute Idee! Ich finde die Vorbereitungszeit ist viel zu kurz! Ihr wollt doch für den Krümel bestimmt ein schönes Lager auf dem Stein herrichten!"
Jonathan möchte unbedingt dieses Beisammensein mit dem kranken Krümel auf den nächsten Abend verschieben, denn er hat absolut das Gefühl, dass irgendetwas in der glanzvollen Vollmondnacht geschehen würde.
„Bis Morgen Abend haben wir noch so viel Zeit, um alles vorzubereiten! Morgen Abend finde ich es viel besser und schöner – und wisst ihr auch warum? Morgen Abend ist ja auch noch Vollmond, da ist es ja fast taghell und wir sehen auch vielmehr! In der Vollmondnacht ist es auch immer

sehr spannend. Du hast diese Nacht ja noch nicht mit uns erlebt. Tage und Nächte, bevor der Mond zum Vollmond heranwächst, sprechen wir alle miteinander. In der Vollmondnacht passiert oft auch etwas Besonderes, etwas Seltsames.

In dieser Nacht war einmal ein kleiner Käfer unser Held. Es ist noch gar nicht lange her, da kam ein scheußliches Gebilde zu uns in den schönen Garten an gekrochen, es war hässlich bis dahinaus. Kann aber auch sein, dass dieses Gebilde sehr harmlos war, aber für uns sah es beängstigend aus und wir hatten alle einfach schreckliche Angst. Na, jedenfalls wollte dieses Ungeheuer an unserem Vollmondnachtfest teilnehmen und mit uns einfach mitfeiern, obwohl es gar nicht eingeladen war. Aber wir konnten dies auf keinen Fall zulassen, denn einige von uns fürchteten sich zu sehr vor diesem schrecklichen, undefinierbaren Tier. Es kam angekrochen wie eine riesige Nacktschnecke, aber viel, viel größer. Auf dem Rücken hatte es eine scheußliche Abbildung, na scheußlich! Wenn ich daran denke, wird es mir noch ganz schlecht! Uns allen gefiel es absolut nicht! Ein kleiner Käfer, ein winzig kleiner Käfer hat dieses Ungeheuer mit den fürchterlichen Augen und den blöden Fühlern im Gesicht, verjagt - Joni! Stell dir vor, ein winziger, kleiner Käfer hat dieses

furchtbare Ungeheuer in dieser Vollmondnacht verjagt!"
„Aber Jonathan, wie hat er denn das gemacht?", fragt Joni sehr interessiert, sie findet diese Geschichte sehr spannend.
„Der kleine Käfer hat all seine Verwandten zusammen getrommelt, hat ihnen das Problem erklärt und auf einmal hingen viele, viele der kleinen Tierchen an dem Ungeheuer, kitzelten es und kitzelten es so lange, bis es vor lauter Lachen nicht mehr konnte und lachend davon krabbelte. Und das Schönste war, wir lachten alle mit und lachten solange, bis der Mond nicht mehr zusehen war!"
Jonathan kann nicht mehr weiter erzählen, denn die Tiere, die bei diesem Erlebnis dabei waren, fangen doch tatsächlich wieder so zu lachen an, dass es lange dauert, bis sich die Runde wieder beruhigt.
„Na", meint Jonathan, „jetzt bin ich natürlich sehr gespannt, was wohl morgen Abend bei Mondschein passiert!"
Bei sich denkt er: „Bestimmt ereignet sich etwas mit Joni, ich habe so eine Vermutung!"
Die Vorbereitungen für die bevorstehende Vollmondnacht beginnen noch in dieser lauen Sommernacht. Der mit weichem Moos bedeckte Stein wird mit noch mehr Blumen geschmückt, damit der Krümel am nächsten Abend auf einem weichen, schönen Platz gebettet werden kann.

Das Wunder der Tränen

Der Mond scheint am nächsten Abend besonders hell und sehr vertraut!
Nach der allseitigen Begrüßung meint Joni, die inzwischen wieder einmal klein war - dann wieder gewachsen ist:
„Am besten gehen wir gleich los und holen den Krümel! Kitti, du gehst voraus! Aber eines müssen wir sein, leise, wir dürfen auf keinen Fall Gretchen und Franzl wecken!", meint Joni, die sich schon kurze Zeit nach dem gemeinsamen Aufbruch auf den Stufen der Terrasse befindet.
Vorsichtig schleicht sich Kitti zu der Katzenklappe an der Terrassentür, kriecht hindurch und Joni kann von außen hören, wie sie sich mit Krümel unterhält.
Doch nicht nur Joni nimmt sie wahr, selbst Gretchen ist von dem ungewohnten Geräuschen wach geworden und schubst ihren Franzl im Bett an und flüstert:
„Franzl, hör doch mal, irgendetwas bewegt sich in unserer Küche. Es werden doch keine Einbrecher sein? Franzl setz bloß deine Brille auf, damit du auch wirklich etwas siehst! Das Gartenmonokel nimm lieber auch mit!", flüstert Gretchen. Beide schleichen sich vorsichtig, nachdem sie ihr Bett

verlassen und ihre Morgenmäntel übergezogen haben, in die Küche! Gretchen versteckt sich vor lauter Angst hinter ihren Franzl. Mit seiner Taschenlampe leuchtet Franzl in alle Ecken, findet aber nichts, bis er, ja, bis er auf einmal Kitti entdeckt, die ihren Krümel von hinten durch die Klappe zu schieben versucht.
Sowie Franzl sein Gretchen kennt, macht sie bestimmt gleich den Mund auf und will etwas sagen! Schnell dreht er sich zu ihr um und hält ihr vorsichtig diesen zu!
„Pst – pst - sei leise Gretchen, wir gehen ihnen nach, ich möchte doch wissen, was da eigentlich los ist!"
Nachdem Kitti den Krümel in das Freie geschoben hat, öffnen die beiden die Terrassentür, gehen achtsam gebückt, damit sie ja keiner entdecken kann, hinter Kitti und Krümel her. Der arme, kleine Kater kann sich nur sehr langsam fortbewegen.
„Franzl, guck doch mal, was da für ein seltsames Wesen gerade auf den Stein hüpft, der heute soooo wunderschön geschmückt ist und in dem Mondschein so schön glänzt! Na, und was ist denn das nur für ein Wesen mit so langen Beinen und Armen! Es sieht ja fast so aus wie unsere Joni, nur eben größer. Es sieht ja wunderhübsch aus mit dem bunten Kleid! Und das Kleid leuchtet so schön. Ach Franzl, ist das schön! Na ja, die Haare hat sie genauso wie Joni! Aber ist der bunte Blumenkranz

auf ihrem Kopf nicht bezaubernd?", flüstert Gretchen so leise wie es nur geht!
„Komm her, Krümel", sagt dieses Wesen liebevoll, „komm her, mein kleiner Krümel! Wir haben dir schon einen ganz schönen Platz hergerichtet! Schau mal, da auf die wunderschönen, bunten Blumen kannst du dich nun hinlegen! Soll ich dir helfen? Nein? Vorsichtig, dass du dich auf keinen Fall irgendwo anstößt!"
Zärtlich und voller Liebe hilft Joni dem armen Krümel, der sich wirklich nur schwerlich bewegen kann.
„Du Franzl, das ist doch unsere Joni", sagt Gretchen, „sie sieht aus wie unsere Joni, nur eben größer!"
„Pst - sei doch jetzt einfach einmal still, ich möchte unbedingt wissen, was da passiert!"
Gretchen ist schrecklich aufgeregt, sie kann aber ihre Aufregung nicht zeigen, sie muss ja still sein! Doch sie schafft es einfach nicht.
„Schau mal, wie schön unser großer Stein mit den vielen bunten Blumen im Mondschein glänzt und was für ein hübsches Lager der Krümel hat!"
Jetzt wird Franzl aber wirklich ein bisschen böse und schubst sie von der Seite!
Krümel, der wunderhübsche grauweiße Kater liegt

auf dem Stein, völlig erschöpft. Man könnte meinen, er will überhaupt nicht mehr aufstehen. Und, obwohl es Nacht ist, glänzt sein schönes, graues Fell im Mondschein so schön und die Blumen um ihn herum leuchten so zauberhaft, dass man annehmen könnte, er wäre völlig gesund! Aber das ist er ja auf keinen Fall!
Jonathan bewegt seine Äste hin und her. Er ist sehr glücklich!
Auch die anderen Sträucher, Bäume und Blumen strahlen Ruhe aus.
Kein Windhauch stört diese Gruppe, die um den Stein steht.
Joni und Kitti sitzen nah bei Krümel.
„Sag mir Krümel, wo hast du denn deine Schmerzen? Wohin hat dich der scheußliche Pirat gebissen?", fragt Joni besorgt.
„Mein Bein tut mir so weh, ich kann überhaupt nicht mehr richtig auftreten und hinten an meinem Rücken ist ein großes Loch! Das tut mir auch so weh! Wenn ich mich beim Liegen in meinem Körbchen umdrehe, muss ich immer weinen!"
Und schon wieder machen sich ein paar Tränen bei ihm bemerkbar.
„Ach Krümel, es tut mir ja so leid! Ist es denn so schlimm?"
Joni kann den Kater einfach nicht beruhigen!
„Ich bin zwar ein Kater, der müsste ja eigentlich tapfer sein! Aber das bin ich mal nicht, denn es tut

überall weh, es schmerzt ganz fürchterlich, Joni! Weißt du, es ist auch für mich sehr ungewohnt, ruhig liegen zu müssen und nicht herum springen können wie die anderen!"

Schon wieder entdeckt Joni ein paar Tränen in seinen Augen. Plötzlich fängt der Krümel ganz fürchterlich an zu weinen, dass alle um ihn herum mit leiden. Manche sind sehr traurig und möchten ihn einfach trösten, wieder andere weinen einfach mit!

Jonathan beobachtet nur Joni, schaut sehr gespannt in ihr Gesicht, was diese aber nicht bemerkt.

Joni kann ihre Tränen bald auch nicht mehr zurückhalten, sie leidet entsetzlich mit dem Krümel mit. Er tut ihr so leid!

Jonathan kommt aus dem Staunen nicht heraus, als er Joni beobachtet:

„Habe ich doch Recht gehabt, irgendetwas stimmt mit ihr nicht! Was geschieht da nur mit Joni? Was ist sie nur für ein geheimnisvolles, entzückendes Wesen!"

Verzauberte Tränen

Gretchen und Franzl stehen in unmittelbarer Nähe und obwohl sich kein Lüftchen bewegt, bekommen sie das leise Rauschen der Blätter von Jonathan, dem Fliederstrauch mit.
„Du, Franzl, was ist hier bloß los?"
Natürlich hat Franzl schon längst sein Gartenmonokel an eines seiner Augen geklemmt, denn bei so einem spannenden Ereignis möchte er ja auf keinen Fall etwas versäumen.
„Franzl, schau nur mal unsere Joni an! Was für ein wunderschönes Wesen ist sie doch! Und obwohl sie unglücklich und traurig ist, hat sie doch so wunderschöne, glänzende Augen, die leuchten ja bis zu uns und im Mondschein sind ja noch viel schöner! Sie strahlen ja so – ja, wie strahlen sie denn?"
„Nein, nein so etwas Gretchen!"
Weiter kommen sie nicht mehr mit ihrer Unterhaltung, denn es ereignet sich etwas sehr, sehr Seltsames!
Kein Tier, keine Pflanze und bestimmt auch kein Mensch hat jemals so etwas gesehen!
Joni sitzt bei dem weinenden Krümel, der sich überhaupt nicht mehr beruhigen kann! Sie streichelt ihn mit all ihrer Zärtlichkeit, aber auch das hilft überhaupt nichts. Er tut ihr so leid, dass sie ihre Tränen nicht mehr zurückhalten kann und

fängt ebenfalls an zu weinen. Joni weint und weint und die Tränen tropfen auf das schöne, graue Fell. Plötzlich geht ein Raunen durch die Gruppe!
Gretchen hält vor Staunen ihre Hand vor den Mund und Franzl fällt vor Schreck sein Monokel auf den Boden!
Jonathan freut sich so, dass seine Blätter hoch und runter hüpfen.
Doch am meisten ist wohl Joni erschrocken als eine Träne aus ihren Augen tropft – eine Träne – die so wunderschön ist und so prachtvoll im hellen Mondschein glänzt!!
Joni zuckt vor Schreck sehr zusammen, so dass sie Krümel mit ihrer ruckartigen Bewegung fast gestoßen hat. Obwohl dieser sich doch wirklich kaum bewegen kann, legt er seinen Kopf vor Neugier auf die Seite, beobachtet und spürt, wie eine Träne auf seine offene Wunde tropft!
Es folgt eine Träne nach der anderen, einige tropfen auf seine offene Wunde und andere wieder auf sein gesundes Fell! Dann rollt eine Träne auf den Boden!
Na, und als eine Träne auf der Erde aufkommt und sogar bei dem Aufprall tatsächlich ein bisschen in die Höhe hüpft, ist ein eigenartiges Geräusch zu hören: klick – klick – klick!!

Ein Raunen und Staunen geht durch die Menge.
„Oh, was passiert denn da? Was passiert denn da mit unserer Joni? Schaut doch bloß mal, wie ihre Tränen im Mondschein glänzen!", sagt Kitti, die in unmittelbarer Nähe sitzt und alles genau miterlebt. Joni selbst ist so erschrocken und entsetzt, dass sie gar nichts sagen kann, sie ist einfach sprachlos. Vorsichtig legt sie eine Hand an ihre Augen und versucht die Tränen zu fühlen, versucht, eine sogar in die Hand zu nehmen!
„Was ist denn das? Ja, was ist denn das? Meine Tränen sind ja hart! Sie sehen ja aus wie Perlen! Ja, wie gibt es denn so etwas? Ich kann doch nicht einfach Perlen weinen! Und schaut doch einmal, wie die auch noch im Mondschein glänzen!" Vorsichtig legt sie sich eine Perle auf ihre Hand und hält diese so hoch, dass alle das Glänzen im Mondschein sehen können.
„Oh mei – oh mei – oh mei - was ist denn jetzt schon wieder mit mir los? Ach Jonathan, mein bester Freund, was ist denn jetzt schon wieder mit mir los? Ich habe doch nur geweint wie jeder andere! Aber nun kommen aus meinen Augen lauter wundervoll glänzende Perlen, hüpfen auf Krümels Wunde und dann auf die Erde! Ich weiß überhaupt nicht, was das soll!", sagt Joni traurig. Niemand, aber auch wirklich niemand bekommt vor Staunen den offenen Mund mehr zu!
Krümel liegt friedlich da und weiß überhaupt nicht,

was mit ihm passiert. Er dreht seinen Kopf noch stärker zur Seite, damit er seine Wunde genauer beobachten kann! Der kleine Kater sieht und spürt, wie immer wieder etwas Zartes auf seinen Körper tropft. Er sieht, wie die Tränen aus Jonis Augen auf seine Wunde hüpfen, einige Zeit dort liegen bleiben und dann langsam auf den Boden rollen, aber so langsam, dass man glaubt, es würde von ihnen eine gewisse Kraft auf Krümel überspringen.
Plötzlich erschrickt er so sehr und ist völlig fassungslos!
Laut ruft er und alle können es hören: „Joni, Joni wieso, wieso Joni weinst du Perlen? Es sind ja wirklich lauter Perlen, die du weinst!"
„Ach Krümel", sagt Joni traurig, „ich weiß ja auch nicht, was das soll! Ich weiß es doch nicht! Ich weiß es nicht Krümelchen, ich weiß es nicht! Ich weiß einfach nicht, was das soll!"
Obwohl Krümel selbst so große Schmerzen hat, sieht er Joni mitfühlend an!
Um sich ihr ein bisschen nähern zu können, bemerkt er, dass er bei seinen Bewegungen die er macht, auf einmal gar keine Schmerzen mehr hat.

Immer heftiger und schneller werden seine kleinen Verrenkungen.
„Aber ich weiß, was das soll! Ich weiß es! Ich weiß es! Hallo, ich weiß es!"
Krümel ist überhaupt nicht mehr zu bändigen vor lauter Freude!
Er räkelt sich auf seinem Lager zuerst sehr vorsichtig, steht langsam auf und fängt plötzlich glücklich auf den vielen bunten Blumenblättern zu hüpfen an!
„Ich habe keine Schmerzen mehr! Ich habe keine Schmerzen mehr! Hallo ich habe keine Schmerzen mehr", singt er. „Ich habe keine Schmerzen mehr! Das haben deine Augenperlen gemacht, kleine Joni! Ich liebe dich – Joni – ich liebe deine schönen Perlen!"
Krümel stupst Kitti an und ruft immer wieder:
„Kitti, hast du das gesehen, Kitti hast du das gesehen? Joni hat mich mit ihren Perlen gesund gemacht!"
Die Runde um den Stein fängt an zu klatschen und singt mit dem Kater Krümel, der sich vor Freude auf die Erde schmeißt, sich mit Wonne im Gras wälzt: „Ich habe keine Schmerzen mehr! Ich habe keine Schmerzen mehr!"
„Nein, so etwas! Nein, so etwas! Was passiert da bloß immer mit unserer Joni!", murmelt Grüni.
Franzl und Gretchen sind überwältigt von diesem Erlebnis.

„Tut dir das nicht weh Joni, wenn die Tränen aus deinen Augen kommen?", fragt ein Grashüpfer, der ganz friedlich neben ihr sitzt. „Nein, es tut mir nicht weh. Ich glaube, es ist so - wenn meine Tränen an die Luft kommen, dann, so glaube ich es jedenfalls, verwandeln sie sich erst zu Perlen! Glaubst du es nicht auch Jonathan, dass es so ist? Oder was denkst du? Ach Jonathan, jetzt fällt mir auf, dass du ja überhaupt noch nichts gesagt hast! Sag doch auch einmal was! Du siehst nur auf mich herab und lächelst. Deine schönen Blätter bewegen sie hin und her!"

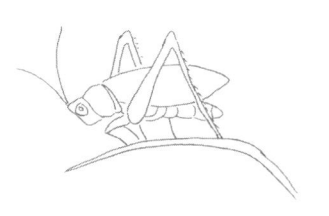

Und Jonathan schmunzelt glücklich, denn er hatte doch recht mit seiner Vermutung, dass Joni etwas sehr Besonderes ist.

Liebevoll meint er:

„Kannst du vielleicht noch einmal eine Träne weinen, dann können wir alle genau beobachten was da eigentlich passiert – ja?!"

Joni fühlt sich so gar nicht wohl dabei, noch einmal eine Träne aus ihren Augen drücken zu müssen!

Doch zu aller Überraschung ist sie plötzlich sehr traurig! Neben ihren Füßen entdeckt sie ein kleines klägliches, schwaches Pflänzchen, welches seine fast verdorrte Blüte nicht einmal mehr gerade auf dem Stängel halten kann.

„Wir alle genießen hier den herrlichen Mondschein, sind lustig, dann wieder erstaunt über die seltsamen Dinge, die mit mir passieren! Und du kleines Pflänzchen da unten, zu meinen Füßen, bekommst gar nichts mit! Wie schrecklich!"
Oh – werden die Augen schön - so schön!
Und plötzlich macht es klack und eine Träne, die sich während des Fallens zu einer Perle verwandelt, klopft sachte auf den Boden, direkt neben der kleinen Pflanze auf. Die andere aber fällt weicher auf ein trauriges, kleines, verdorrtes Blatt.
Plötzlich - nein so etwas – nein so etwas – fängt die verdorrte Blume vor aller Augen wieder an zu wachsen und wächst zu einer traumhaften, duftenden Blume heran.
Stille! Faszination! Staunen!
Niemand, aber niemand sagt mehr ein Wort!
Einige schütteln den Kopf, andere sind wiederum sprachlos.
„Ich glaube", sagt Jonathan nach einer Weile, „wir haben nun alle genug gesehen! Die Nacht im klaren Mondschein dauert nicht mehr lange. Wir werden jetzt ein bisschen zusammen rücken und genau überlegen, was hier eigentlich alles passiert ist!"

Eine liebevolle Gesellschaft!
„Du Franzl, ich kann kaum noch stehen, kann ich mich ein bisschen bei dir anlehnen? In das Haus möchte ich auf keinen Fall gehen, wir müssen doch miterleben, was hier noch alles passiert", flüstert Gretchen dem Franzl in das Ohr.
„Lehn dich nur an!"
„Habt ihr alle einen bequemen Platz?", fragt Jonathan fürsorglich
„Ja, ja, ja!"
Joni ist traurig, obwohl sie sich über Krümels plötzliche Genesung schon sehr freut. Dieser sitzt eng an Joni geschmiegt und streichelt mit einer Pfote einen ihrer langen Arme.
„Und nun Jonathan, was glaubst du eigentlich was mit mir los ist?"
„Weißt du Joni, ich bin mir ganz sicher, dass du eine wunderbare Gabe geschenkt bekommen hast! Gemeinsam werden wir nun alle überlegen, was eigentlich mit dir los ist. Joni, wann ist dir aufgefallen, dass deine Arme und Beine tatsächlich wachsen?", fragt Jonathan.
„Also", erwidert Joni, „ich weiß nur eines, wenn ich mich auf den Weg zu euch mache, fangen meine Arme und Beine an zu kribbeln! Auf einmal merke ich, wie die anfangen zu wachsen und, dass ich groß werde!"
„Richtig! Warum das nun so ist, darüber habe ich mir auch meine Gedanken gemacht. Überleg doch

einmal Joni - war es auch einmal dunkel als du gewachsen bist? Oder stand immer der Mond am Himmel?", fragt Jonathan.
Joni legt einen Zeigefinger an ihren Mund!
„Soviel ich weiß", sagt sie nachdenklich „war es ständig hell."
„Gut, Joni, das habe ich auch bemerkt! So, dann überlegen wir doch mal alle zusammen weiter, was uns an Joni am meisten aufgefallen ist! Wer möchte etwas sagen?"
„Ja - war es immer hell?", fragt Kitti, die so glücklich ist, dass ihr Krümel wieder gesund ist.
„Aber am Tag ist es doch auch hell und da ist Joni doch klein", meint Grüni, der Frosch.
„Korrekt Grüni! Was erkennen wir daraus?", fragt Jonathan. „Joni, du wächst also immer, wenn der Vollmond scheint und trotzdem habe ich erkannt, dass du zwei Abende vor dem Vollmond auch schon groß bist! Warum das so ist, weiß ich leider noch nicht! Wieso du dann die langen Beine und Arme bekommst, wirst du bestimmt eines Tages selbst erfahren. Weshalb dies so ist, weiß auch ich nicht, doch es hat bestimmt etwas Wundervolles auf sich. Wahrscheinlich wirst du

dieses Rätsel bestimmt am besten selber lösen können."

„Ja, und was ist mit den Perlen? Die Tränen, die zu Perlen werden?", fragt die kleine Maus.

„Was meinst du denn?"

„Ich weiß nur, dass sie damit den Krümel geheilt hat und die Blume", sie zeigt auf die gesunde Blüte neben sich, „ist auch wieder so wunderbar gewachsen!"

In sich vertieft bewegt Jonathan seinen Kopf.

„Ja, das ist allerdings sehr faszinierend. Ich habe gewusst, dass am Vollmondabend etwas ganz Besonderes passiert. Doch, dass so etwas Wunderschönes geschehen würde, habe ich nicht gedacht. Das erste Mal, als ich deine Augen sah Joni, lag ein ganz besonderer Glanz darin! Nun weiß ich natürlich auch warum. Deine Augen sind auch ein Geschenk der Natur, du kannst stolz darauf sein! Du wirst bestimmt vielen damit helfen können, denn umsonst hast du sie nicht bekommen!"

Aber Joni kann es scheinbar noch nicht begreifen, was da mit ihr passiert! Nachdenklich schüttelt sie immer wieder ihren Kopf.

„Liebe, liebe Joni, pass trotzdem gut auf dich auf, obwohl du so ein geheimnisvolles Geschenk, oder sagen wir mal, so eine herrliche Begabung bekommen hast. Wenn du diese mit viel Liebe gut einsetzt, wirst du bestimmt keine Neider haben", meint der blühende Holunderstrauch mit seinen großen, weißen Blüten.

„So, nun müssen wir zum Abschluss kommen! Der Mond wird gleich verschwinden. Joni, ich muss dich aber unbedingt noch auf etwas aufmerksam machen, dass du noch gar nicht wissen kannst. Seitdem du bei uns bist, war ja täglich schönes Wetter. Doch du musst wissen, dass es morgen schon regnen und auch sehr stürmen könnte. Wenn der Vollmond vorbei ist, dann schlägt das Wetter gerne mal um und es wird nicht mehr so lustig sein, wie in den letzten Tagen. So ein Unwetter könnte für dich zartes Wesen vielleicht sehr problematisch sein. Wenn es anfängt zu stürmen oder zu regnen, dann versuche, dich unterzustellen oder dich irgendwo festzuhalten. Ich möchte dir auf keinen Fall Angst machen, denn ich weiß, dass dich viele Schutzengel oder Feen umgeben. Du schaffst es schon, kleine Joni. Pass ja gut auf dich auf!", bittet Jonathan eindringlich.

„Das werde ich! Ich werde sehr auf mich aufpassen, das verspreche ich euch allen! Danke Jonathan, für die schönen Worte!"

„Wir singen jetzt gemeinsam ein Lied, das dich in deinen Nöten und Ängsten begleiten und dir viel Kraft geben wird."

„Uns liebt der Regen und die Sonne,
das Meer und der Wind,
die Pflanzen und die Tiere,
weil wir zusammen verbunden sind!

Mit deinem Kummer
geh in die Natur
klag dein Leid bei ihr –
Ein Freund steht hinter dir!

Dein Herz wird gleich leichter,
du bist nicht mehr allein!
Lern in dir zu lauschen,
du hörst ein Liebesrauschen

Nimm an dieses Rauschen,
dann bist du reich – nicht arm!
Die Freude deines Lebens
wartet nicht vergebens!

Uns liebt der Regen und die Sonne,
das Meer und der Wind,
die Pflanzen und die Tiere,
weil wir zusammen verbunden sind!

Die Verabschiedung unter den vielen Freunden fällt herzlich aus! Als sie sich langsam auf den Heimweg macht, hört sie ihre allerliebsten Freunde, Gretchen und Franzl.

„Joni, unsere liebe Joni, war das aber ein wundervoller Abend! Es war ja so schön!"
„Gretchen und Franzl, ach wie schön! Steht ihr schon lange hier? Habt ihr alles miterlebt?"
„Ja, es war wunder -, wunderschön! Was du alles kannst, Joni! Ich finde es gut, was Jonathan alles zu dir gesagt hat! Ich glaube, er mag dich sehr. Aber wir dich auch, deshalb würde ich dir dieselben Worte sagen. Also kleine Joni, pass gut auf dich auf!", meint Franzl.
„Ja, das werde ich! Ich muss schnell gehen, ich muss schnell gehen, der Mond ist gleich verschwunden! Bis bald! Bis bald!"
Sie rennt so schnell, wie es für sie möglich ist, merkt dabei, dass sie wieder kleiner wird, hüpft mit ihren kurzen Beinen an Mariechen hoch und kuschelt sich voller Wonne in ihre vertraute Blüte.

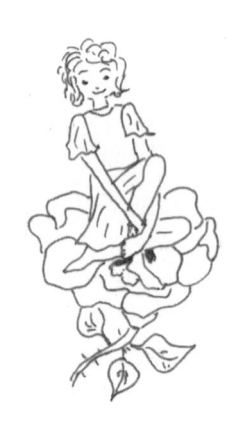

Sturm und Regen

„Oh, oh, was ist da los? Oh, warum wackelt es denn so? Mariechen, was ist denn da los? Ich habe solch eine Angst! Es wird ja immer schlimmer! Mariechen!", ruft Joni ängstlich.
Durch ein Rütteln an ihrer Rosenblüte wird Joni aus ihren tiefen Träumen geweckt!
„Halt dich fest Joni, halt dich fest Joni!"
„Wo soll ich mich denn festhalten, Mariechen, wo? Es wackelt doch alles so sehr!"
„Es wird stürmisch, Joni, es wird stürmisch!"
Jetzt fängt es so sehr an zu schwanken, dass sich ein Blütenblatt nach dem anderen ihrer so geliebten Blüte löst und weggeweht wird.
„Mein Zuhause, meine Blüte fällt schon auseinander und dann ist es auch noch so dunkel, ich kann nicht richtig sehen! Und es heult ja so garstig um mich herum, es ist ja ein fürchterliches Geräusch!"
Während der Wind sehr stark weht, hält sich Joni mit aller Kraft an den noch verbliebenen Blättern ihrer Blüte fest.
„Ach, Mariechen, was soll ich bloß machen? Jetzt

sind die Blätter alle abgefallen, nur an einem Rosenblatt, das mal so schön war, kann ich mich noch ein bisschen festhalten! Wie schlimm!", jammert Joni!

Mit aller Kraft greift Joni nun nach einem Stängel, krallt ihre Finger daran fest, lässt dabei aber nicht ihr Rosenblatt los. Jedoch alles Jammern, alles Festhalten hilft gar nichts, der Wind wird immer stärker, heftiger und die kleine Joni wird immer hilfloser!

„Mariechen, was passiert denn hier mit mir? Mariechen, jetzt werde ich sogar ganz nass! Mariechen, Mariechen hilf mir doch!"

„Ja, es fängt auch an zu regnen! Joni, halt dich an mir ganz fest!", ruft Mariechen, der Rosenstrauch, laut.

Doch das gute Zureden hilft alles nichts. Joni kann sich bei dem stärker werdenden Rütteln durch das heftige Blasen des Windes nicht mehr an dem Stängel festhalten und fliegt mit ihrem Blatt in die Luft hoch und wieder runter.

„Und jetzt Mariechen, was soll ich machen? Mariechen, Mariechen, ich fliege, ich fliege! Wohin fliege ich denn Mariechen – wohin?"

Aber Mariechen kann sie überhaupt nicht mehr hören, zu weit wird Joni schon von dem Wind weggetragen! Und wieder geht es hoch, so hoch hinauf und dann wieder plötzlich hinab, so tief, dass Joni die Pflanzen erkennt, die Franzl ihr bei dem schönen Spaziergang gezeigt hat.
Während des Fliegens klatscht doch tatsächlich ein riesengroßer Regentropfen auf Joni und das Blatt, an dem sie sich noch krampfhaft festhält! Beide werden in die Tiefe gerissen.

Joni erkennt, dass sie vom Wind bis zu ihrem Freund, dem guten Fliederstrauch geweht wird.
„Jonathan, Jonathan! Jonathan!", ruft Joni so laut sie kann! „Jonathan, es ist ja so schrecklich, ich habe ja so eine ensetzliche Angst!"
„Halt dich bei mir fest, Joni! Halt dich bei mir fest", ruft Jonathan.
„Ich probiere es, aber es hat keinen Zweck!" Joni versucht mit großer Anstrengung, einen Ast oder wenigstens ein Blatt von Jonathan zu erreichen!

„Jonathan, ich schaffe es nicht! Meine Finger rutschen immer wieder ab! Jetzt ist mein Blatt auch noch verschwunden! Jonathan hilf mir doch! Am besten mache ich jetzt meine Augen zu, dann kann ich nicht sehen, wohin ich vom Sturm überhaupt hingetragen werde", ruft Joni verzweifelt.
„Denk immer an dein wunderbares Geschenk und an das Lied - uns liebt der Regen und die Sonne -, das hilft dir! Es macht dich stark und gibt dir Kraft! Hab keine Angst Joni, es wird alles gut! Ich bin mit meinen Gedanken bei dir, Joni!"
Mehr kann sie nicht mehr hören! Mit voller Wucht wird sie von einem gewaltigen Windstoß in die Luft gehoben und weit, weit weggetragen!
Joni hat große Angst.
Nun macht sie wirklich die Augen zu, lässt sich einfach vom Regen und Wind herum schaukeln. Dabei ruft sie:
„Mir ist doch schon so schlecht! Wo bin ich? Was passiert mit mir? Hallo du blöder Sturm, setz mich bitte wieder ab!"
„Mir geht es genauso wie dir, ich fliege die ganze Zeit hoch und runter", ertönt plötzlich ein leises Stimmchen.
Leicht blinzelt Joni mit einem Auge und sieht neben sich, wie zwei lange, grüne Arme und Beine in der

Luft durcheinander gewirbelt werden. Inmitten dieses Wirbelns befindet sich ein Körper. Wenn es nicht so eine tragische Situation für Joni wäre, würde sie jetzt laut heraus lachen. Und das ist es nun mal nicht! Neben sich erkennt sie:
„Ach, dich kenne ich ja, du bist ja Grüni, der Frosch! Du bist ja auch hier! Ich konnte dich gerade vor lauter Sturm gar nicht richtig verstehen. Wie schön, Grüni, jetzt sind wir zu zweit und ich bin nicht mehr so alleine. Sag mal Grüni, wie lange dauert dieses Getöse eigentlich noch?"
Joni kann wegen des starken Sturmes kaum reden.
„Das kann schon noch einige Zeit dauern, Joni, kann aber auch sein, dass plötzlich alles vorbei ist! Dann ist es sogar möglich, dass du herunter fällst und keine Chance mehr hast, dich beim Fallen irgendwo festzuhalten! Man hat aber auch keine Zeit, sich einen schönen Platz auszusuchen, auf den man weich fallen kann. Also konzentriere dich und pass einfach gut auf! Ich werde dich nicht mehr alleine lassen. Ich bin und bleibe ab jetzt immer bei dir! Ich möchte gern dein Freund sein, Joni!"
„Sehr schön, Grüni! Ich finde es großartig, dass wir Freunde werden!"
Und auf einmal, aber wirklich urplötzlich, hört der Sturm auf, der Regen lässt ein wenig nach und alle beide, Joni sowie Grüni, fliegen wie kleine Steine aus der Luft auf den Boden und landen weich neben einem großen Stein.

„Och Grüni, jetzt bin ich aber erschrocken, ging das aber schnell!"
Erschöpft, aber doch erleichtert stehen beide auf und schauen sich neugierig um. Das rosa Kleid klebt an Joni, als wäre es ihre zweite Haut und ihre nassen Haare hängen ihr in das Gesicht hinein.
„Schau mal Grüni, wir sind ja gar nicht so weit geflogen, wir sind direkt neben unserem Stein gelandet", meint Joni, während sie noch ein wenig nach Luft schnappt!
Bald erkennen beide, dass es nicht ihr Stein ist!
Enttäuscht bemerkt Joni:
„Weißt du Grüni, ich bin so fürchterlich müde und matt, lass uns doch einen Unterschlupf suchen, wo wir beide schlafen können. Morgen werden wir uns dann weiter umschauen und erkunden wo wir gelandet sind."
Lange brauchen sie gar nicht suchen, denn an einer Seite des Steines befindet sich eine kleine Öffnung in die beide hinein schlüpfen.
„Schau mal Grüni, heute bin ich genauso glitschig wie du, schau doch, wie mein rosa Kleid und meine Schuhe aussehen! Natürlich ist es hier lange nicht so schön, wie in meiner duftenden Rosenblüte, aber eines sage ich dir, ich werde mich bestimmt nach diesem fürchterlichen Flug hier genauso wohl fühlen!"
Nachdem sie sich in einer winzigen Ecke der Steinhöhle auf einem einigermaßen trockenen Platz

bequem hingelegt hat, sagt Joni:
„Ich träume von dem wundervollen gestrigen Abend. Oh, ist das auf einmal schön und kuschelig und gemütlich!"
Beide lassen sich sogleich, trotz des voran gegangenen schrecklichen Wetters in ihre Träume tragen.

Der fremde Garten

Am nächsten Morgen wird Grüni als erster aus seinem Schlaf geholt.
Durch eine schmale Öffnung der Höhle mogelt sich ein dünner, kräftiger Sonnenstrahl hindurch und fällt wohlwollend auf die noch schlafende Joni. Wie sie doch in diesem Moment mit ihrer lieblichen, kleinen Gestalt so hübsch und doch Hilfe bedürftig auf ihrem schmutzigen, schnell hergerichteten Lager liegt! Grüni bewundert ihre zarten, kleinen Hände, ihre Beine und das rosa Kleid, das auch schon wieder getrocknet ist. Selbst ihre lockigen Haare fallen in ihr liebevolles Gesicht, als wäre gar nichts gewesen.
Man kann kaum glauben, dass dieses kleine Wesen so viel Kraft in sich trägt, denkt Grüni so bei sich!
Jäh wird er aus der nachdenkenden Betrachtung durch ein scheußliches Geräusch gestört.
So ein Geräusch hat er noch nie gehört! Er bekommt es ja direkt mit der Angst zu tun. Vorsichtig berührt er Joni am Arm und flüstert:
„Wach auf Joni, wach auf!"
Joni reibt sich ihre verschlafenen Augen!
„Was gibt es denn so wichtiges, Grüni?"
Doch dieser braucht gar nichts zu sagen, auch sie hört das unheimliche Geräusch.
„Was ist das Grüni, was ist das bloß? Wo sind wir denn hier gelandet?"

„Ich weiß auch nicht wo! Es hört sich fast so an, als würde ein Riese mit großen Schritten auf uns zu kommen. Das Geräusch kommt wirklich immer näher! Gut das wir hier einen Unterschlupf gefunden haben, Joni!"
Diese nickt ängstlich.
Knirsch – knirsch – knirsch!
Mittlerweile ist das Geräusch so laut, dass beide glauben, die Welt stürze über ihnen ein.
Dann plötzliche Stille!
Grüni steht auf, geht vorsichtig zu der Öffnung der kleinen Höhle und versucht hinaus zu schauen, doch er kann kaum etwas sehen, da der Eingang so gut wie versperrt ist.
„Ich glaube Joni, das unheimliche Geräusch sitzt auf unserem Stein und die Schuhe von diesem Ungeheuer befinden sich genau hier vor dieser Öffnung", flüstert Grüni.
Im nächsten Moment bestätigt es sich, das dies bestimmt ein Ungetüm ist, denn eine wütende, tiefe, unzufriedene Stimme dröhnt in den schönen Morgen hinein!
„Was haben denn der Regen und der Sturm heute wieder mal angestellt? Die vielen Blätter und Äste liegen alle auf der Erde herum!"
„Das ist aber nicht unser Franzl", flüstert Grüni.

Und schon geht es weiter mit dem Gebrüll!
„Du – Trude –Trude, wo bist denn du schon wieder! Immer wenn man dich braucht, bist du nicht da! Was machst du denn schon wieder?"
„Die Trude ist gewiss seine Helferin", meint Joni leise.
„Ich bin ja schon auf dem Weg zu dir, Mann", ruft eine Frauenstimme leise.
„Oh, oh Grüni, das ist ja seine Frau! Die arme Frau hat es ja nicht so schön wie unser Gretchen! Brüllt der Mann sie einfach so an!"
„Ach, das ist noch gar nichts, das war ja nur mal ein kleiner Ausrutscher von ihm. Da war er ja mal direkt nett zu Trude!"
Aus einer dunklen Ecke löst sich ein anmutiger, Schmetterling, flattert in dem kleinen Raum vorsichtig auf Joni zu, setzt sich auf eines ihrer angezogenen, kleinen Knie und schaut sie mit großen, weiten Augen an.
Joni betrachtet diesen wunderschönen Schmetterling von allen Seiten.
„Wie bist du nur so hübsch! Aber so hübsch! Wir dachten schon, wir wären alleine in dieser Höhle! Wohnst du vielleicht hier drinnen?"
„Nein, nicht direkt wohnen! Ich verzieh mich immer hierher, weil ich diese schreckliche Stimme

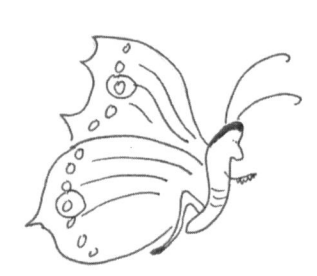

nicht hören möchte! Weißt du, da flieg ich so freudig auf den Wiesen von einer schönen Blüte zur nächsten und schon ist meine Freude vergangen, denn diese harte Stimme ist weit – weit zu hören. Aber da versteckt sich jeder hier im Garten", gibt der Schmetterling zur Antwort.
Plötzlich wird es in der kleinen Höhle hell und das unheimliche Knirschen ist wieder zu hören!
„Das sind die großen, schmutzigen Schuhe von diesem Mann! Weißt du, Schmetterling, wie er heißt?", fragt Grüni.
„Ja, er heißt Kalle!"
„Trude, warum hast du denn nicht gleich deinen Besen mitgebracht?", brüllt dieser Kalle schon wieder los, als Trude sich nähert.
„Dir kann man sagen was man will, du kapierst wirklich nichts!"
„Ach du meine Güte, tut mir aber die arme Trude leid! Ich bin ja so gespannt, Grüni, wo wir hier eigentlich gelandet sind! Sag einmal, du schöner Schmetterling, hast du auch einen Namen? Oder geht es dir so wie mir? Ich hatte keinen, bis ich dann mit Hilfe meines Freundes, dem Fliederstrauch Jonathan, einen gefunden habe! Ich heiße nämlich Joni!"
„Was für ein schöner Name! Ich heiße Tagpfauenauge! Hätte ich keinen Namen, würde mir in

diesem Garten niemand helfen einen Namen zu suchen! Es ist ja hier sowieso alles so trist! Geht nur hinaus, dann werdet ihr schon sehen, wie es hier aussieht!"
„Sehr, sehr schöner Name! Er ist so geheimnisvoll! Und jetzt gehen wir an die frische Luft, Grüni!"
Als sie ihren Unterschlupf verlassen, erschrecken beide doch sehr!
Es könnte alles so schön sein, die Sonne scheint, der Himmel ist blau!
Aber das ist ja überhaupt kein Garten, es ist ja ein wüstes Durcheinander!
Es gibt kein gepflegtes Beet, keine geschnittene Hecke, die Rosen hängen traurig durcheinander.
„Ach du meine Güte, wenn das Gretchen und Franzl sehen müssten, würden sie ja ihre Hände über dem Kopf zusammenschlagen, Joni!"
„Da hast du aber Recht, Grüni!"
Joni ist entsetzt!
Der Schmetterling fliegt freudig um Joni herum, er ist glücklich, so liebe Wesen um sich zu haben!
„Wisst ihr, Trude, die Frau vom Kalle muss immer alles machen und das kann sie ja absolut nicht schaffen! Er brüllt nur herum, sitzt nur da und kümmert sich ständig um seinen Liebling, den Jakob!", wispert Tagpfauenauge.
„Wer ist denn der Jakob?", fragt Joni neugierig.
Während der Schmetterling zärtlich um Joni herumschwirrt, plaudert er weiter.

„Es ist ein schwarzer Vogel. Ich glaube, Kalle liebt nur diese Elster! Er sagt immer: mein Jakob, mein Liebling! Du musst das mal hören Joni! Zu seiner Frau und all den Tieren und Pflanzen ist er so gemein!"
Joni läuft neben dem hüpfenden Grüni, breitet dabei ihre Arme aus, aber nicht vor Freude, sondern vor Entsetzen.
„Schau doch nur mal, wie es hier aussieht. Da, die schöne Rose hat überhaupt keinen Platz zum Wachsen, sie wird ganz vom Unkraut überdeckt. Und du da", sie sieht dabei einen heruntergekommenen Strauch an, „du siehst aus wie mein Jonathan, mein Fliederstrauch! Deine Blätter hängen ja so traurig zu Boden! Wohin ich schaue, überall nur Elend".
Grüni schüttelt seinen Kopf.
Joni ist sehr traurig.
„Irgendwie müssen wir doch Trude helfen können! Sie muss als erstes fröhlich werden, Grüni."
„Du weißt, ich bin sofort dabei!"
Joni denkt nach, denkt nach und denkt nach!
„Ich auch", ruft der Schmetterling.
„Du Trude, Trude", ruft Kalle schon wieder mit seiner grollenden, tiefen Stimme so laut durch den Garten, dass es jeder hören kann, bestimmt auch die Regenwürmer unter der Erde.
„Was glaubst du eigentlich, wer du bist! Ich hab dir gesagt, dass du all die Äste und Blätter zusammen-

rechen sollst, kannst du denn gar nicht hören!"
Von weitem hört man Trudes klägliche Stimme: „Ich habe gerade etwas anderes zu tun gehabt, ich kehre alles gleich weg!"
„Das sagst du immer, aber du machst gar nichts!"
So schnell hat Joni noch nie einen Schmetterling fliegen sehen, wie gerade ihren neuen Freund!
„Wo ist er denn jetzt hingeflogen, Grüni? Hat er denn wirklich so eine Angst vor diesem Mann? Der ist aber auch schrecklich! Hast du gehört, wie er seine Frau anbrüllt? Ein schöner Ton ist es jedenfalls nicht!"
Grüni schüttelt verächtlich seinen Kopf.
Joni ist entsetzt.
„Na, dem werde ich es jetzt aber zeigen! Schmetterling, komm wieder her, ich brauche dich jetzt", ruft Joni, „komm bitte her, du musst mir helfen!"
„Was hast du vor, Joni? Mach bitte nichts Unüberlegtes. Muss ich um dich Angst haben?", fragt Grüni besorgt.
„Nein, nein Grüni, aber ich habe jetzt so eine Wut, ich kann es dir nicht sagen. Irgendetwas muss ich jetzt unternehmen! Und ich sag dir eines, Grüni, die Pflanzen und die Tierchen und auch Trude leiden so, weil dieser Mann keine Freude, keine Fröhlichkeit zeigen kann. Er ist ja nur garstig, er glaubt wohl, er ist der Größte! Dem werde ich jetzt aber was sagen!"

„Wie willst du denn das anstellen?", Grüni ist doch sehr besorgt.
Tagpfauenauge kommt wieder angeflogen und setzt sich neben Joni auf den Stein.
„Kommt Kalle hier auf diesem Weg öfter vorbei?", fragt Joni.
„Ja, immer, wenn er zu seiner Elster geht, muss er hier vorbei, er wird bald auftauchen!"
„Na, das ist gut, sogar sehr gut! Also passt auf, ich klettere jetzt auf den Fliederstrauch, danach müsst ihr mir helfen! Nach dieser harten Stimme zu schließen, hat er bestimmt sehr breite Schultern und genau auf die möchte ich mich setzen!"
„Joni, da habe ich viel zu sehr Angst um dich, das lasse ich nicht zu, das machst du nicht!"
„Hab keine Angst, Grüni, ich weiß schon, was ich mache. Also helft ihr mir?"
„Gut, wenn es denn sein muss, aber sei vorsichtig, versprichst du mir das", Grüni zittert jetzt schon.
„Ich klettere jetzt hoch, und du Grüni, passt auf, wenn er kommt. Schmetterling, du fliegst immer neben mir her, damit du mich auffangen kannst, wenn es sein muss. Alles klar?"
Joni geht auf den Fliederstrauch zu, klettert schnell und gut auf das Geäst hinauf, sie kennt es ja schon von Jonathan und findet neben einer dunkellila, schlecht blühenden Rispe eine gute Position, um von dort auch wirklich auf den Schultern dieses Scheusals landen zu können.

Es dauert auch nicht lange und schon sind diese unheimlichen Schritte wieder zu hören – knirsch – knirsch – knirsch.

„Der hat wohl jeden Tag dieselben schweren Schuhe an. Dass davon alle Angst bekommen, ist ja wirklich kein Wunder", murmelt Joni.

„Er kommt, er kommt, pass ja auf dich auf Joni", ruft ihr Grüni noch zu.

Er kommt! Kalle kommt!

Joni sieht, wie er auf sie zuläuft. Zum Betrachten hat sie gar keine Zeit, sie muss sich konzentrieren! Sie darf auf keinen Fall daneben fallen! Als Kalle gerade unter ihr läuft, überlegt sie nicht lange, und schwupp, sitzt sie auch schon ganz genau auf seinen Schultern.

„Gut gemacht Joni", sagt Grüni und hüpft neben diesem großen Mann her. „Weißt du, du schöner Schmetterling, dieses kleine Wesen wird schon wissen was es tut, es hat nämlich ganz besondere Kräfte!"

Der Frosch ist ja sehr neugierig auf das, was da kommen wird.

Joni sitzt auf der breiten Schulter, sie muss sich erst einmal daran gewöhnen diesem unsauberen Mann so nah zu sein. Dadurch, dass er mit seinen langen Beinen und mit den schrecklichen Schuhen viel größere Schritte macht als Franzl, schaukelt Joni stärker hin und her.

Der Schmetterling fliegt ganz in ihrer Nähe.

„Bald sind wir bei dem Käfig seiner Elster", ruft der Schmetterling.

Gut versteckt, hinter einem Gestrüpp von riesigem Unkraut und verkommenen Sträuchern, umgarnt von vielen Spinnweben, liegt eine baufällige, kleine Hütte.

Ein bisschen unruhig und schon etwas nervös sitzt Joni auf den Schultern, während Kalle sich dieser nähert. Doch plötzlich wird es gefährlich für die kleine Joni! Als der große Kalle sich bückt und die hässliche Holztür seines Vogelkäfigs aufschließt, kann sie sich nicht mehr halten. Blitzartig entdeckt sie oben an der Schulternaht der Jacke eine Öffnung und hält sich dort krampfhaft fest. Durch den Türeingang muss Kalle sich dann auch noch sehr bücken und in diesem Moment wird es für Joni aber wirklich sehr dramatisch. Die alte braune, zerschlissene, stinkende, scheußliche Jacke riecht so fürchterlich, dass es Joni fast schlecht wird. Doch sie muss bei ihrem Plan bleiben! So verkriecht sie sich tiefer in diese Naht.

„Es stinkt ja hier schrecklich – oh schrecklich!" Als Kalle in der Hütte wieder gerade stehen kann, macht Jakob, die Elster, große Augen. Sie hat Joni

gleich entdeckt, als diese vorsichtig aus der Schulternaht heraus blickt.
Kalle schleicht sich vorsichtig an den Vogel heran, der auf einer großen Kiste in diesem grausigen Raum sitzt und streichelt ihn tatsächlich so zärtlich, dass es Joni fast unangenehm ist von dem, was sie zu sehen und zu hören bekommt.
„Mein süßer, kleiner Vogel", hört sie, „du gehörst mir ganz allein. Ich lieb dich so sehr! Ich kann mir gar nicht vorstellen, wie es wäre, wenn du nicht mehr da wärst!"
„Was hat der denn auf einmal für eine liebliche Stimme? Ja fürchterlich!"
Zur Elster gewandt sagt Joni:
„Ich weiß, dass du Jakob heißt. Sag einmal, was macht denn Kalle da mit dir? Hält er dich hier eingesperrt? Keine Angst, du kannst mit mir reden, er hört mich noch nicht! Sag schon!"
„Er hat mich eines Tages gefangen und mich hier eingesperrt!"
„Das ist ja gar nicht schön für dich, das ist ja fürchterlich! Was ist denn da passiert?", fragt Joni.
„Meine Freunde und ich sind geflogen und plötzlich knallte es! Ich bin am Flügel getroffen worden. Konnte natürlich danach nicht mehr weiter fliegen und bin direkt in Kalles Arme gefallen. Er hat mich dann hier in dieses Häuschen gebracht und mich gepflegt. So, und nun bin ich hier!", erzählt Jakob, die Elster.

„Meinst du, du kannst noch fliegen?"
Die Antwort bekommt Joni nicht mehr.
Für Joni nicht unerwartet, fängt Kalle auf einmal an um sich zu schlagen, schlägt immer wieder mit der Hand an eines seiner Ohren.
„Mein Plan wird gelingen, er gelingt! Dem werde ich es jetzt aber zeigen! Er kann doch nicht mit seinen Launen die Menschen, die Tiere und sogar die Natur ärgern!"
Joni erkennt, dass sie ab jetzt sehr auf sich aufpassen muss!
„Ja, ja Kalle, das musst du dir nun schon gefallen lassen!", flüstert Joni ihm in das Ohr. „Es ist sehr unappetitlich, dein Ohr! Und du stinkst soooo!!"
„Hey - was schwirrt denn da um mein Ohr herum, hau endlich ab du blöde Fliege!", wütend schlägt der Mann um sich.
„Ha – ha – ha, es ist keine blöde Fliege, das bin ja ich. Möchtest du wissen wer ich bin? Ich bin die Joni! Ha – ha! Und ich muss mich sehr vor dir in Acht nehmen, denn es kann ja sein, dass du mich triffst, wenn du vor Wut ausrastest und mit deinen Händen um dich schlägst! Ich werde mich immer unter deinen Jackenkragen oder in der scheußlichen Naht verstecken!"

Auf den Wegen durch den verwilderten Garten lässt Joni Kalle überhaupt keine Ruhe, ständig flüstert sie ihm etwas in die Ohren. Er versteht nichts von dem was sie sagt, er hört ja nur das Gewisper!
„Warum, warum Kalle, sag mir nur einmal, warum sieht der Garten hier so aus, ich bin ja entsetzt. Da solltest du einmal den Garten von Gretchen und Franzl sehen! Und überhaupt, weißt du, wie lieb Franzl zu seiner Frau, dem Gretchen ist? Und du schnauzt deine Trude nur an. Ich habe sie noch gar nicht gesehen! Aber nachdem, wie du sie angeschrien hast, hat es mir schon gereicht! Hast du sie schon einmal genau angeschaut? Dann müsstest du erkennen, dass sie bestimmt sehr hübsch ist. Aber so etwas siehst du ja nicht, du siehst ja nur dich! Du hast so einen verkehrten Stolz, aber das verstehst du ja nicht! Das erklär ich dir später genau, wenn du mich hören kannst!"
„Oh – oh – kleine Joni, das war jetzt aber zu viel! Der Kalle fängt bestimmt gleich an zu toben! Pass bitte auf, hast du gehört!"
Aufgeregt springt der grüne Frosch Grüni neben dem dahin laufenden, wütenden Kalle her. Ständig schlägt dieser auf seine Ohren ein! Joni hüpft nämlich von einem Ohr zu dem anderen und redet und redet!
„Ich glaub, ich werd jetzt verrückt! Dich krieg ich schon, du blöde Mücke!"

Kalle schimpft fürchterlich und dann noch mit dieser grolligen Stimme, vor der man wirklich sehr Angst bekommen kann. Aber Joni lässt sich nicht davon beirren, sie zieht ihren Plan durch.
„Ich hab dir doch schon einmal gesagt Kalle, dass es keine blöde Mücke ist, dass ich es doch bin, die Joni, die mit dir spricht!"
Sie möchte am liebsten laut rauslachen, es macht ihr so richtig toll Spaß, diesen großen, mächtigen, ungehobelten Mann an der Nase herumzuführen. Doch sie muss nun mal sehr vorsichtig sein und genau beobachten, wohin er schlägt! Immer wenn seine Riesenhand in ihre Nähe kommt, verschwindet sie unter dem, ach so schmutzigen Kragen oder schlüpft in die offene Naht hinein!
Langsam nähern sie sich dem Haus! Unterwegs fällt Joni kein einziges Tier, kein Kriechen auf der Erde, kein Singen der Vögel im Gehölz auf! Nicht eine schöne, frisch blühende Blume sieht sie. Nur die einzigen bunten Farben ihres neuen Freundes, dem Schmetterling Tagpfauenauge, ja – die leuchten!
Der aber fliegt um Joni herum und ist ständig bereit sie aufzufangen, wenn ihr etwas passieren sollte. Auf einer Bank, vor einem nicht sehr einladenden, verkommenen Wohnhaus sitzt eine traurige, junge

Frau in den mittleren Jahren. Sie schaut von ihrer Arbeit an dem davor stehenden Tisch nicht einmal hoch, als ihr Mann sich nähert. Selbst das Meckern hört sie nicht, selbst das Jammern hört sie nicht!
„Du Trude, ich glaube, ich werde verrückt! Andauernd hör ich etwas in beiden Ohren, ich versuche laufend, das Geräusch los zu werden! Es geht nicht weg, es hört überhaupt nicht auf!", klagt Kalle.
Trude arbeitet weiter, bleibt ruhig dabei sitzen und sagt nur:
„Du wirst sehn, wenn du eine Nacht darüber geschlafen hast, verschwindet es schon wieder!"
„Sag einmal, Frau, kannst du wenigstens einmal herschauen was das ist, vielleicht findest du etwas? Hast du denn gar kein Herz?"
„Ja, das sagt gerade der Richtige!"
„Jetzt komm endlich, schau dir das doch einmal an, hast du gehört!"
Aber Trude denkt gar nicht daran!
Joni freut sich, das Trude so standhaft bleibt!
„Trude", flüstert Joni, „schau doch mal von deiner Arbeit hoch, ich möchte doch zu gern mal dein Gesicht sehen!"
Und Kalle fängt schon wieder an zu jammern: „Jetzt höre ich schon wieder das Gewisper! Ich werd wirklich noch verrückt!"
Er drückt seine großen Hände an seine Ohren und rennt wieder in den Garten zurück! Obwohl Joni

Schwierigkeiten hat, sich festzuhalten, lacht sie, und lacht und lacht!
„Joni pass auf, dass du nicht herunter fällst!"
Grüni ist so aufgeregt, er hat so große Angst.
„Du brauchst keine Angst zu haben Grüni, ich pass schon auf sie auf!" Der Schmetterling findet es scheinbar sehr amüsant, er fliegt freudig hoch und runter.
„Es wird Zeit, dass ich Kalle wieder in Ruhe lasse, damit er sich ausruhen kann - bis morgen! Schöner Schmetterling, ich werde gleich wieder auf einen Ast hüpfen, also aufpassen!", ruft Joni lachend.
Sie konzentriert sich beim Vorbeigehen auf einen Strauch. Schwupp, springt sie auf einem kleinen Ast, wackelt auf dem noch ein wenig hin und her und hüpft dann auf den Boden, direkt neben Grüni.
„Bin ich froh, dass dir nichts passiert ist, ach bin ich froh", stöhnt Grüni erleichtert. „Was hast du eigentlich noch vor mit Kalle?"
„Warte nur ab, Grüni! Weißt du was, jetzt freue ich mich auf unsere kleine Höhle unter dem Stein! Wenn wir ausgeschlafen haben, geht es morgen früh gleich weiter", erwidert Joni, und Grüni schüttelt nur seinen glitschigen, grünen Kopf.

Jonis Plan geht auf

„Siehst du, ich habe dir doch gesagt, dass die Geräusche über Nacht weg sind! Also geht es dir besser? Jedenfalls habe ich letzte Nacht kein Gestöhne und Gejammer gehört."

Sorgen macht sich Trude nicht um ihren Mann, aber neugierig ist sie halt! Sie kann einfach nicht verstehen, dass so ein bisschen Ohrengesäusel so schlimm sein kann. Und, dass Kalle deswegen so sehr jammert!

„Ja, so wie es aussieht ist das Geräusch tatsächlich weg, darüber bin ich froh", erwidert Kalle, „aber das ist bestimmt von alleine verschwunden und nicht weil du es mir gesagt hast! Ich gehe meinen Jakob besuchen!"

„Ja, ja, geh du nur zu deinem Jakob!"

Trude schüttelt den Kopf und schaut ihrem Mann hinterher.

Mit seinen schweren Schuhen schlürft er langsam auf den Gartenwegen dahin, trägt dabei eine Schüssel mit Futter in einer Hand. Er freut sich bestimmt schon auf seinen Jakob und freut sich, dass er diese Geräusche in seinen Ohren nicht mehr hört.

Doch Joni sitzt auf einem Baum und wartet schon gespannt auf Kalles Rückkehr aus Jakobs Hütte.

„Joni, willst du ihn wirklich weiter ärgern?"
Grüni kann einfach nicht begreifen, was seine kleine Freundin mit diesem großen Mann eigentlich vorhat.
„Grüni, warte nur noch ein bisschen, dann wirst du alles verstehen. Was hat Jonathan zu mir gesagt, es hat alles seinen Sinn. Und das hier hat auch seinen Sinn! Psst – psst, leise, Kalle schließt gerade wieder die Tür von diesem schrecklichen Gefängnis ab! Bald läuft er auf dem Weg unter mir!"
Hoppla – und schon sitzt Joni wieder auf Kalles Schultern.
„Guten Morgen, Kalle! Wie geht es dir denn heute? Hast du gut geschlafen? Du hast mich ja letzte Nacht nicht gehört, also muss es dir gut gehen! Na, das ist hervorragend, dass du die Jacke von gestern an hast. Aber die stinkt wieder so abscheulich! Wichtig ist ja nur für mich, dass ich die Jacke schon kenne, denn wenn es sehr riskant für mich wird, weiß ich, wohin ich mich verstecken kann!"
Doch plötzlich erschrickt Joni!
„Hallo – Kalle", schreit sie, „was ist denn auf einmal in dich gefahren? Was ist denn nur los mit dir? Oh, oh, jetzt wird es für mich aber wirklich sehr gefährlich! Meine Güte, Kalle, was ist denn

mit dir los! Lass mich doch noch schnell in die kaputte Naht verschwinden! Halt, halt, warte doch, bevor du so weiter tobst!"
Aber als Kalle die ersten Geräusche in seinen Ohren hört, dreht er fast durch. Er fängt mit seinen Armen an, wild um sich zu schlagen, dreht sich nach allen Seiten und schreit immer wieder entsetzlich:
„Hör endlich auf, hör endlich auf, du blödes Geräusch in meinen Ohren!"
Nachdem Joni noch Zeit hat in die Naht zu kriechen, denkt sie gar nicht daran, aufzuhören!
„Ach Kalle, ich habe dir doch schon ein paar mal gesagt, dass ich die Joni bin, die mit dir redet! Du musst gar nicht so toben! Schau doch, wie schön die Sonne scheint, an so einem schönen Tag brüllt man doch nicht so herum! All die Tiere und Pflanzen, die in deinem Garten wohnen, bekommen ja Angst vor dir! Ich glaube, deswegen sieht es auch hier so schrecklich aus, weil du immer so brüllst. Ja, ganz gewiss ist es so!"
Joni gibt sehr Acht auf sich, damit sie nicht herunterfällt! Einmal krabbelt sie unter den Kragen, ein andermal in die Naht. Ihr neuer Freund, der Schmetterling fliegt neben ihr her. So geht es eine Zeit lang, bis der tobende, um sich schlagende Kalle in der Nähe des Hauses ankommt.
Trude kehrt mit einem alten Besen gerade die

große Terrasse, als sie von weitem das Toben und Geschrei ihres Mannes hört.
„Was ist da bloß schon wieder los?"
Sie stellt den Besen beiseite, stellt sich mit verschränkten Armen mitten auf die Terrasse, schaut in den Garten und wartet auf das, was da kommen wird.
Wie ein großes Ungeheuer taucht Kalle plötzlich auf einem der Wege auf. Er schlägt mit seinen Armen um sich, hüpft von einem Bein auf das andere, schimpft und schreit wütend, hopst wie ein kleines Kind herum.
Und Trude?
Die steht da, schlägt mit ihren Händen auf ihre Oberschenkel, hebt diese immer wieder in die Höhe und lacht und lacht. Sie lacht so laut, dass dieses wundervoll klingende Lachen durch den ganzen Garten hallt. Als das Lachen ertönt, bleibt Kalle wie angewurzelt stehen. Er kann es bestimmt nicht ertragen, dass seine Frau ihn so laut auslacht. Joni sitzt ruhig auf Kalles breiter Schultern und hört erstaunt diesem klaren Lachen zu.

„Was für ein schönes Lachen, oh wie schön! Und wie hübsch Trude aussieht, was ist sie für eine entzückende Frau mit den Grübchen in ihren Wangen, die besonders beim Lachen so auffallen. Die Kleidung, die sie trägt, ist wirklich nicht hübsch, aber trotzdem sieht sie darin sehr liebevoll aus!" Und auf einmal scheint es Joni, als finge der Garten an zu leuchten. Viele Tierchen kommen aus ihren Behausungen und schauen mit Freude auf Trude. Die Vögel zwitschern in den Bäumen und fliegen vor Freude in der Luft herum. Selbst das Unkraut sieht irgendwie bezaubernd aus und die Spinnenweben vereinen mit glitzernden Fäden die einzelnen Pflanzen.

Joni, Grüni und Tagpfauenauge sind sprachlos!

„Was für eine Pracht! Und Kalle, was hast du für eine wunderhübsche Frau mit so einem herrlichen, erfrischenden Lachen. Und was hast du für einen leuchtenden Garten!"

Weiter kommt Joni nicht!

Doch jetzt muss sie sich aber sehr fest halten!

Joni hat das Gefühl, als wäre Kalle total übergeschnappt. Gleich platzt er noch vor Wut!

„Trude, du hast zu mir gesagt, das Geräusch ginge bestimmt über auf einmal Nacht weg! Aber nichts ist weggegangen, ich habe wieder das fürchterliche Gepiepse im Ohr", schreit Kalle Trude an.

Trude hört urplötzlich auf zu Lachen, ihr Gesicht wird abermals bekümmert, fast wie versteinert und

unwahrscheinlich traurig! Das Leuchten aus ihren Augen verschwindet.
Der Garten verdunkelt sich wieder! Die Vögel hören auf zu singen, all die Tiere verschwinden in ihre Unterschlüpfe!
Joni ist entsetzt!
„Was bist du eigentlich für ein komischer, ungehobelter Mann!"
Diese Worte flüstert Joni nun nicht mehr in seine Ohren. Nein! Sie hat so eine Wut auf Kalle, dass sie ihm regelrecht in die Ohren brüllt!
Kalle dreht sich um, rennt voller Zorn, ja vielleicht auch vor Angst, durch den Garten zurück auf das Gefängnis von Jakob zu.
Joni sitzt auf den Schultern, sagt vor Entsetzen kein Wort mehr! Doch abwechselnd muss sie sich am Kragen, dann wieder an der Naht festhalten!
Grüni hat Mühe dem boshaftem Menschen nach zu hüpfen. Der Schmetterling fliegt eifrig und sehr aufgeregt neben Joni her.
Hastig schließt Kalle die Tür zu dem Häuschen seines Lieblings auf, schiebt diese aber so voller Wucht auf, dass sie fast an die Wand prallt!
„Kräh – kräh – kräh!"
„Was machst du denn da Kalle mit deinem Jakob? He?! Jetzt hast du ihm aber sehr wehgetan! Siehst du, das kommt davon, weil du einfach nicht anständig sein kannst!", brüllt Joni so laut sie kann.
„Ach mein lieber, lieber Jakob, was ist denn nur

mit dir passiert? Ach Jakob, das wollt ich aber nicht! Komm, lass dich doch mal anschauen!"
Kalle geht tief bestürzt auf seine Elster zu, die ganz erschrocken und völlig verstört auf der Erde hinter der aufgestoßenen Holztür sitzt und jammert!
„Was hast du denn nur? Was hast du denn nur?! Was hab ich mit dir gemacht?"
„Mit der Tür hast du ihn gestoßen, Kalle – ja mit der Tür hast du ihn gestoßen!"
Joni dröhnt ihm so laut in die Ohren und hofft, dass er die Worte doch endlich einmal hören möge! Aber das kann er nun mal noch nicht!
Es ist Kalle ja überhaupt nicht zuzutrauen und doch ist es so, denn er nimmt seinen Jakob zärtlich in die große Hand, untersucht ihn genau und sehr behutsam. Zuerst findet er nichts, als er aber den Flügel berührt, da fängt Jakob an zu jammern.
„Lieber, lieber Jakob, hoffentlich ist dir nichts Schlimmes passiert! Hoffentlich ist der Flügel nicht gebrochen!"
Kalle ist unendlich traurig! Seine Wangen hängen herab, aus seinen Augen blitzt keine Bosheit und sein Mund zeigt keine zynischen Züge.
Bei den nächsten Worten, die aus seinem Mund kommen, wird Joni hellhörig und hört gespannt zu!
„Weißt du Jakob, ohne dich macht das Leben gar keinen Spaß und deswegen werde ich dir etwas sagen! Vorhin, als Trude so gelacht hat, da ist der Garten so wunderschön aufgeblüht! Ich habe dies

schon lange, lange nicht mehr gesehen. Und jetzt verspreche ich dir ganz bestimmt - wenn du wieder gesund wirst, möchte ich und werde ich nie mehr so böse zu meiner Trude sein, zu keinem Tier und auch zu keiner Pflanze, das verspreche ich!"
Joni glaubt, nicht richtig zu hören! Sie krabbelt sehr nah an ein Ohr und spricht laute, klare und deutliche Worte hinein:
„Du Kalle, wie sieht es denn damit aus – kannst du dir auch vorstellen, deinen Jakob wieder in die Freiheit fliegen zu lassen?"
Hat er jetzt Joni gehört? Oder kommen seine Worte von ihm selbst!?
„Lieber Jakob, was ich dir jetzt sagen werde, fällt mir sehr schwer, aber ich verspreche dir auch, wenn du wieder gesund wirst, lasse ich dich frei! Ja, ich lasse dich frei, Jakob! Du wirst wieder fliegen können wohin du willst!"
Joni sitzt, ohne Angst, herunterzufallen, auf Kalles Schulter, lässt sogar ihre Beine baumeln und klatscht voller Freude in ihre Hände.
„Ich werde jetzt kaltes Wasser holen um deinen Flügel zu kühlen, aber ob das hilft, weiß ich nicht", sagt Kalle und geht zur Tür.
Während er sich bückt, hüpft Joni schnell von der Schulter herunter und landet auf einem, neben der Tür stehenden alten, zerbrechlichen Stuhl.
Als Kalle außer Reichweite ist, setzen sich Grüni, der Schmetterling und Joni zu Jakob.

„Was machen wir nun mit Jakob?", fragt Joni. „Ich kann ihn gar nicht leiden sehen! Der arme Kerl! Kalle wird ihm bestimmt auch nicht mit seiner Kühlung helfen können!"
„Wenn wir bis morgen warten, könnte es zu spät sein, deswegen müssen wir schnell überlegen, was zu tun ist", gibt Grüni zur Antwort.
„Du hast Recht. Meinst du Grüni, mein Zauber könnte wieder eintreten? Was meinst du Grüni?"
„Ich weiß es nicht Joni, aber probieren sollten wir es auf alle Fälle. Ach, wenn das eintreffen würde, dann wäre unser Jakob gleich wieder gesund und frei – frei – frei. Ach wäre das schön!"
Grüni schließt seine Augen und träumt, scheinbar von Krümels Heilung.
„Aber Joni, wir brauchen dazu den Vollmond! Und wo ist hier der Vollmond?"
„Ja – ja – Grüni wir versuchen es! Aber wo ist nun wirklich der Vollmond? Vielleicht wiederholt sich das gute Wunder doch noch einmal, wenn wir den Vollmond finden. Ich bin schrecklich aufgeregt! Jetzt tritt das ein, was Jonathan zu mir gesagt hat – wer weiß wozu du dein Geschenk noch gebrauchen kannst! Grüni, ich brauche es jetzt und ihr werdet mir dabei helfen.

Lieber Schmetterling, kennst du hier jemanden im Garten, der eventuell den Jakob tragen könnte? Frage bitte jetzt nicht wozu, wir dürfen absolut keine Zeit mehr verlieren."
Der Schmetterling überlegt kurze Zeit und dann sagt er spontan:
„Es kommen immer Hasen in den Garten, die Trudes Kohl weg fressen. Da könnt ich einen fragen, ob er uns hilft!"
„Ja, und wann kommt er?"
„Meistens jetzt um diese Zeit", gibt der Schmetterling eifrig zur Antwort. Er ist so gespannt und neugierig zugleich.
„Aber dann nichts wie hingeflogen!", bittet Joni, die plötzlich trotz der Nervosität viel Kraft in sich spürt.
Und schon ist der Schmetterling weg geflogen.
Joni geht auf die Elster zu, streichelt behutsam den kranken Flügel und sagt:
„Pass jetzt gut auf, lieber Jakob, was ich dir sage! Du musst unbedingt wieder gesund werden, dann bist du nämlich ein ganz großer Held! Weißt du auch, warum?"
„So viel ich trotz meiner Schmerzen verstanden habe, will Kalle nicht mehr so böse sein und der ganze Garten wird schön aussehen!", erwidert Jakob leise.
„Und Trude wird auch nicht mehr so traurig sein und leiden", sagt Joni.

„Dafür werde ich gerne wieder gesund! Aber wie soll das denn gehen, mein Flügel tut mir schrecklich weh und ich kann mich ja überhaupt nicht bewegen!"

Mittlerweile ist der Schmetterling mit einem von den vielen Hasen, die Trude ständig das Kraut wegfressen, eingetroffen. Schnell erklärt Joni dem hübschen Tier mit den langen Ohren und dem dicken, braunen Fell, was zu tun ist!

„Wir müssen uns beeilen! Kalle wird gleich wieder zurück sein! Jakob, dich legen wir nun so gut es geht, bequem auf den Rücken von dem Hasen. Grüni, du passt auf einer Seite auf, dass er nicht herunterfällt und ich auf der anderen! Und du, Schmetterling, beschützt ihn von oben. Alles bereit?"

Geredet wird nun gar nicht mehr, nur noch gehandelt!

Für Joni und dem glitschigen Grüni ist es gar nicht so einfach, Jakob aus dieser Hütte herauszubringen, bevor Kalle wieder zurück ist. Und dann ihm erst einmal auf den Rücken des Hasen zu helfen?

„Jakob, du tust mir so Leid, ich kann mir vorstellen, dass du Schmerzen hast, aber wir wollen dir nur helfen."

Außer Reichweite dieser alten Hütte bleibt die kleine Gesellschaft stehen und beratschlagt.

Joni ist auf einmal ratlos.

„Grüni, weißt du jetzt, wo wir hin müssen? Rechts

oder links? Wo wird der nächste Vollmond sein? Ach du Schreck, jetzt stehen wir da und wissen nicht, wohin! Jakob braucht dringend Hilfe – was machen wir nur?!"
„Ich frag gar nicht nach, warum ihr den Vollmond braucht, aber ich werde heute Nacht auskundschaften, wo er bestimmt scheinen wird", meint Tagpfauenauge.
„Heute Nacht ist es viel zu spät", gibt Grüni zur Antwort, „so lange können wir Jakob nicht leiden lassen! Ich werde schauen, ob ich einen Kollegen von mir finde, der weiß bestimmt Bescheid. Wir Frösche sitzen doch bei Vollmond am liebsten am Weiher!"
Und weg ist er!
Es dauert auch gar nicht lange, da kommt er schon wieder zurück gehüpft.
„Ich weiß den Weg! Ich weiß den Weg! Nicht nach rechts – nicht nach links - wir müssen geradeaus laufen!"
„Gut, dann gehen wir los!"
Vorsichtig und aufmerksam läuft der geduldige Hase. Er muss am meisten auf Jakob aufpassen, muss gerade laufen, darf sich nicht nach rechts oder links beugen – nein immer mit einer ausgeglichenen Haltung!
Joni läuft auf der rechten Seite, Grüni auf der linken. Der Schmetterling fliegt Ausschau haltend mit vielen singenden Vögeln darüber hinweg.

Die kleine Gruppe läuft und läuft über abgeerntete Felder und gemähte Wiesen. Es ist wirklich keine Zeit zu verlieren, deswegen ist sie ununterbrochen auf den Beinen.
Die Elster hat große Schmerzen. Doch die zierliche, aufgeregte Joni tröstet sie beharrlich.
„Wir wollen dir nur helfen, habe keine Angst Jakob!"
Kein Mond weit und breit!
Doch wie aus heiterem Himmel, Joni kann es kaum glauben, fangen ihre Arme und Beine plötzlich an zu kribbeln - einfach an zu kribbeln!
„Grüni, meine Beine und Arme fangen an zu kitzeln! Das ist ja wunderbar, Grüni! Ach wie gut, da kann doch der Mond gar nicht mehr weit sein! Allerhöchstens nur zwei Tage. Jakob, jetzt wird es dir bald besser gehen!", sagt Joni und voller Freude ruft sie:
„Ha – ha – ha! Hallo – hallo – Grüni - meine Beine wachsen, meine Arme, mein ganzer Körper! Grüni, es klappt, es klappt! Meine Beine und Arme fangen an zu kribbeln. Wir schaffen es Grüni. Der Mond muss ganz in unserer Nähe sein! Zumindest zwei Tage vor dem Vollmond, denn in der Zeit wachsen ja meine Beine und Arme schon. Tagpfauenauge, siehst du denn gar nichts?", fragt Joni nach oben.
„Nein Joni, ich sehe gar nichts, aber was ich trotz der dicken Wolken erkennen kann, wird euch gar nicht gefallen. Nicht weit von hier sehe ich einen

Fluss den ihr überqueren müsst. Der ist ganz schön breit!", ruft der Schmetterling aus der Luft Joni zu. Plötzlich bemerkt Joni, wie ihre Arme und Beine schnell wachsen. Sie kann nun Jakob übernehmen, darüber ist sie froh und freut sich.

„Kleiner Hase, du kannst stehen bleiben, ich werde ab jetzt Jakob selber tragen! Du kannst neben uns sehr gerne hoppeln, wenn du möchtest. Ich würde mich sogar sehr freuen, wenn du uns begleitest. Ich danke dir sehr, dass du uns geholfen hast, aber ab jetzt werde ich Jakob übernehmen! Schau doch mal Jakob, wie groß ich auf einmal geworden bin! Und mein schönes, buntes Kleid, den bunten Blumenkranz im Haar habe ich wieder bekommen. Du brauchst keine Angst vor mir zu haben, ich habe jetzt so viel Kraft, dass ich dich besser tragen und schneller laufen kann."

Bevor der Hase oder die Elster vor Staunen irgendetwas sagen kann, hebt Joni Jakob auf ihre Arme und rennt mit ihren langen Beinen davon.

„Wenn wir wieder bei Jonathan sind, Grüni, kann

ich ihm erzählen, warum ich die sooo langen Arme und Beine bekommen habe. Ich kann sie jetzt einsetzen um Jakob zu helfen. Nicht nur Jakob, vielleicht auch dem großen traurigen Garten und der Trude. Grüni, ist das nicht fabelhaft?"
Mit langen Schritten springt Joni aufgeregt, den stöhnenden Jakob im Arm, in eine herrliche Landschaft mit vielen Blumen und Bäumen hinein. Grüni neben ihr, der Hase hoppelt ein paar Schritte dahinter. Der Schmetterling fliegt vor Freude in der Luft rauf und runter und ruft:
„Es sind viele große Steine im Fluss Joni, die werden euch bei der Überquerung nützlich sein. Es ist ja nur gut, dass sich die Wolken doch noch langsam verziehen, damit ihr diese auch mühelos seht. Passt auf, um diese Kurve da vorne geht ihr noch und dann ist der Fluss da!"
„Danke – Tagpfauenauge!"
Joni wird in ihrem Lauf langsamer und hält vor dem breiten, aber doch ziemlich flachen Fluss an. Das Wasser ist glasklar, sodass wirklich alle mühelos die Steine erkennen können und jeder auf seine Weise hüpfend das andere Ufer erreicht. Joni findet direkt Spaß daran, mit ihren langen Beinen von Stein zu Stein zu springen.
„Wann sind wir denn da, wann halten wir an? Mir geht es gar nicht gut, ich habe solche Schmerzen", jammert Jakob.
„Ich weiß mein lieber Jakob, dass ist sehr anstren-

gend für dich! Jammer nur, dann ist der Schmerz nicht so groß! Ich glaube, wenn es dunkel wird, sind wir auch schon da ", tröstet Joni.
Tatsächlich, als es anfängt zu dämmern, macht sich der Mond am Himmel wirklich immer mehr bemerkbar.
„Jetzt werden wir uns einen geeigneten Platz suchen, um ein wenig auszuruhen. Dann dauert es nicht mehr lange, mein lieber Jakob, und du wirst wieder gesund sein", beruhigt Joni.
Zu Grüni gewandt flüstert sie doch ein bisschen kleinlaut:
„Grüni hoffentlich gelingt es mir!!! Was machen wir, wenn es nun nicht glückt? Grüni, was machen wir denn dann bloß?!"
„Daran dürfen wir jetzt überhaupt gar nicht denken! Ich gebe die Hoffnung nicht auf!"
Natürlich hat Grüni, der geduldig neben Joni dahin rennt, auch schon längst daran gedacht, was dann wäre!
„Nicht daran denken, Joni!"
„Na, jedenfalls suchen wir uns jetzt einen guten, geeigneten Platz und warten auf alle Fälle bis zum

Abend!"

„Die Lichtung vor dem kleinen Wald da drüben", Grüni zeigt mit einer seiner grünen, glitschigen Zehe in die Richtung, „ist immerhin richtig zum Ausruhen. Ob sie nun schön ist oder nicht, das ist ja egal, Hauptsache Jakob findet Ruhe."

Das letzte Stück läuft Joni langsam.

Auf einer kleinen Lichtung am Waldrand, die zum Teil von hohen Laubbäumen und einzelnen Tannen umrahmt ist, findet die kleine Gruppe einen Platz. Und mitten auf dem kleinen Platz ist ein abgesägter großer, dicker Baumstamm, der mit vielen bunten Blütenblättern bedeckt ist und der Joni an ihren schönen Stein bei Jonathan erinnert.

Vorsichtig wird Jakob darauf gelegt.

Die kleine Gesellschaft ist richtig müde und setzt sich mit dem Rücken an den Baumstamm gelehnt, auf den Boden zu Jakob.

So warten sie ab bis der Mond aufgeht.

Faszination Mond

„Mein lieber Jakob, du brauchst keine Angst zu haben, es wird alles wieder gut."
Durch den Mondschein wird die kleine Lichtung so golden hell angestrahlt, dass Joni und ihre Freunde glauben, sie wären in einer Zauberhöhle. Im angrenzenden Wald dahinter ist es dunkel, aber über die Felder davor breitet sich der Lichtschein bis zum Horizont aus.
„Schaut doch bloß mal", sagt Joni überwältigt, „wir sitzen in einer kleinen Baumhöhle, in der es jetzt in tausend bunten Farben funkelt."
Als Joni, Grüni, der Hase und der Schmetterling dies erblicken, sind sie still vor innerer Freude und können nicht fassen, was sie da zu sehen bekommen.
Sachte berührt Joni Jakob, der vor Erschöpfung fast eingeschlafen ist.
„Jakob, sieh doch mal – diese Schönheit! Schau doch wie prachtvoll das ist!"
Trotz seiner Schwäche hebt Jakob seinen Kopf und sagt:
„Ist das schön! Ist das schön! Joni und du bist erst schön! Joni, du glänzt überall, dein Kleid, dein Kopf, alles glitzert an dir!"

Joni schaut an sich hinunter und stellt fest, dass es wahr ist, was Jakob meint.

„Das sieht ja schön aus, so herrlich habe ich mich ja noch nie gesehen. Schau mal Grüni, habe ich das letzte Mal auch so geleuchtet?"

„Nein", sagt Grüni verdutzt, „das wäre mir aufgefallen, Joni. Obwohl es vorher kein ansehnlicher Platz war, ist er jetzt der schönste, den ich jemals wahrgenommen habe. Ich glaube es wird wieder so ein bezaubernder Abend wie das letzte Mal, Joni. Die einzelnen Blätter der Bäume glänzen wie Gold, selbst die Tannenzapfen an den Bäumen glitzern." Grüni ist so begeistert.

„Und erst der Baumstamm auf dem Jakob liegt! Sieh doch mal seine Federn an – und den Hasen, den Schmetterling – wie sind sie alle doch so wunderschön! Und du erst Joni! Was ist hier bloß los? Ich glaube, wir sind wirklich in eine Zauberhöhle geraten."

Grüni kann dies alles gar nicht glauben, was hier passiert.

Unvermutet schlagen viele Vögel in der Luft mit ihren Flügeln, setzen sich danach leise zwitschernd auf einen Ast eines großen Laubbaumes, dessen Blätter dabei stark rascheln. Joni hat das Gefühl, als würde sich der Ast nach unten biegen, soviel Vögel sitzen darauf. Fledermäuse schwirren tief über die kleine Gesellschaft hinweg. In allen Größen hüpfen Hasen über die Felder und nehmen

in einer Reihe vor dem Eingang dieser geheimnisvollen Naturzauberhöhle Platz. Aus dem Wald kommen Rehe auf grazilen, langen Beinen angelaufen und bewundern mit ihren schönen, klaren, braunen Augen neugierig die Neuankömmlinge. Und auf den Bäumen sitzen Eulen, die gespannt das Geschehen eingehend beobachten.
Sogar eine dicke, fette, gruselige Schnecke kommt langsam an gekrochen und nimmt direkt neben dem Baumstamm Platz.
„Na", fragt sich Joni, „was will die denn hier?" Zugleich erinnert sie sich aber an die Geschichte von Jonathan, wie solch eine Schnecke einmal von einem Mondscheinfest bei Gretchen und Franzl vertrieben wurde.
„Du darfst bei uns bleiben", sagt Joni und lächelt der wirklich unansehnlichen, hässlichen Schnecke freundlich zu.
Selbst Tierchen, die im Wald, auf den Feldern und Wiesen leben, haben sich versammelt.
„Was ist denn hier nur los, Joni?", fragt Grüni, vollkommen von Neugier überwältigt.
„Ich weiß es auch nicht, aber ich glaube, hier wird auch die glänzende, helle, herrliche Mondscheinnacht gefeiert. Aber trotzdem ist alles schon sehr verwunderlich!"
Joni kann gar nicht viel sagen, sie spürt eine Begeisterung um sich, die sie kaum sprechen lässt. Und der kranke Jakob mitten drin! Er ist der

Mittelpunkt und liegt ganz alleine auf dem Baumstamm.
Joni setzt sich zu Jakob und zwar so, dass der Mond auf sie scheint. Während sie die Elster zärtlich streichelt, sagt sie:
„Lieber Jakob, weißt du lieber Jakob, ich habe in solch einer Mondscheinnacht schon einmal jemanden geholfen! Es war der Krümel, der Kater von Gretchen und Franzl. Nun möchte ich versuchen, deinen gebrochenen Flügel zu heilen."
Gespannt wartet sie.
Sie wartet und wartet, doch nichts geschieht.
„Grüni, was ist nur los! Es tut sich gar nichts mit meinen Augen! Was soll ich nur machen?"
„Warte ab", sagt Grüni.
Alle Tiere betrachten Joni neugierig!
Aber sie will helfen und kann doch nicht!
Sie ist schrecklich traurig.
Es geschieht nichts.
Joni ist fast ein bisschen wütend auf sich selbst und fängt an zu weinen.
Grüni schaut in ihre Augen und entdeckt keinerlei Veränderung!
„Na so etwas, ich weine und es passiert gar nichts. Grüni, ich schäme mich so! Was mach ich nur? Ich habe gedacht, es geht so einfach, dass meine Augen sich verändern, aber dem ist nicht so!"
Traurig - ärgerlich - steht sie mitten auf dem Platz!
„Warum weinst du so?", fragt Jakob, der sich zur

Seite gedreht hat.
„Ich wollte dir doch helfen und jetzt klappt es nicht." Joni setzt sich ganz nah zu Jakob und streichelt ihn zärtlich.
Grüni überlegt, denkt nach und überlegt!
Und auf einmal dämmert ihm, dass Joni einen großen Fehler begeht.
„Joni", bemerkt er begeistert, „ich habe es! Ich habe es! Ich weiß, warum es nicht geht! Denke einmal bitte genau nach! Du darfst nicht an dich denken, ob du es mit Jakob schaffen kannst, dass er wieder gesund wird. Denke an Jakob! Denke an seinen kranken Flügel, denke an seine Schmerzen, denke daran wie sehr er leidet! Schenke ihm dein Mitgefühl, schenke ihm deine Liebe! Denke an Trude, denke an den Garten mit den vielen Tieren!"
Jäh begreift Joni ihre richtige Aufgabe, sie erkennt, dass sie ja wegen Jakob da ist. Nein, nicht deshalb, um allen zeigen zu müssen, was sie eigentlich kann.
Jetzt weint sie, und sie weint nicht über sich selbst, sondern aus einem großen Mitgefühl heraus, sie weint wegen Jakob, der seine Schmerzen bis jetzt so tapfer ertragen hat, damit er seinen großen Garten blühen lassen kann! Damit Trude, wie von Kalle versprochen, keine bösen Worte mehr zu hören bekommt!
Ja - jetzt weiß Joni, warum sie weint und weint!

Und Grüni erkennt plötzlich seine heilende, strahlende, wunderschöne Joni wieder.
„Ja, so ist es richtig! Wundervoll!"
Das kleine, bezaubernde Gesichtchen fängt an zu leuchten, die Augen fangen trotz des Weinens an zu glitzern und zu blinken.
All die Tiere halten vor Staunen den Atem an!
„Oh - oh – oh - was ist denn das? Oh – oh – oh!"
Ein Raunen geht durch die Menge, als die erste glänzende Träne aus den Augen tropft, sich zugleich zu einer Perle verändert und auf den Boden rollt.
Joni weint und weint!
Tränen, die zu schönen, so wundervoll, so blinkenden Perlen verwandelt sind, hüpfen auf die Erde!
Klick – klick klick!
Klick - klick – klick!
Während Joni den Vogel zärtlich berührt, spricht sie fortwährend sehr leise die Worte:
„Jetzt wird alles gut, lieber, lieber Jakob! Jetzt wird alles gut!"
Leicht fallen die Perlen auf Jakobs Federn und rollen danach langsam auf den Boden. Doch einige bleiben auf dem kranken Flügel hängen.

„Wie schön", äußert sich die große, hässliche, dicke, hässliche Schnecke und schüttelt ihren Kopf hin und her. Dabei wackelt ihr großer, bräunlicher nacktschneckenartiger Körper auch mit – hin und her! Sie hat einen gezackten Rücken und in den unterschiedlichen Einkerbungen haben sich ein paar Perlen verfangen.
Die Perlen blitzen so hell, dass der Boden im Mondschein in allen schimmernden Farben glänzt.
Und Joni weint und weint! Sie weint für ihren Freund!
Doch mit einem Mal hebt Jakob seinen Kopf, versucht sich mit aller Kraft auf die Beine zu stellen, quält sich zu Anfang noch ein bisschen dabei, aber dann, dann steht er augenblicklich auf seinen Beinen!
Er steht!
Ach und was dann geschieht, stoppt Jonis Tränenfluss.
Jakob steht so fest mit seinen Füßen auf dem Baumstamm, dass er sogar die Kraft hat, sich mächtig zu strecken, seine Flügel auszubreiten und diese stark hin und her schlägt - nach vorne und nach hinten. Seinen Kopf mit dem schönen, schwarzen Schnabel streckt er dabei senkrecht in die Luft und stößt freudige Laute aus!
„Kräh – kräh – kräh!"
Im selben Moment fallen die letzten Perlen auf die Erde.

Jubelnd steht Joni auf, tanzt, klatscht in die Hände und ruft laut vor Freude:
„Danke – danke – danke! Grüni, wir haben es geschafft! Grüni, wir haben es geschafft!"
Große Freude herrscht auf dem Platz. Jeder klatscht vor Begeisterung so gut es geht.
Grüni freut sich.
Und Jakob erst!
Immer wieder ruft er laut:
„Liebe Joni - danke, danke!"
„Schaut mal", sagt Joni und blickt dabei in die Runde, „ich habe so viel geweint, dass für jeden von euch bestimmt eine Perle auf dem Boden liegt, habt viel Freude damit."
Joni wird plötzlich sehr unruhig.
„Lieber Jakob ich freu mich so, dass du nun wieder gesund bist, aber jetzt müssen wir hier ganz schnell weg bevor der Mond verschwindet und die Dunkelheit eintritt, denn dann werde ich immer kleiner und kleiner! Dann weiß ich nicht mehr, wohin!"

Nach Hause

Zärtlich schmiegt sich die Elster an Joni und sagt: „Joni, du darfst mit mir fliegen, wir fliegen zusammen zurück zu Trude und zu Kalle. Ich bin ja gespannt, ob er sein Wort hält!"
„Als Andenken an diesen Abend kann sich nun jedes Tier eine Perle mitnehmen. Ich werde mich schnell von euch verabschieden, denn wenn der Mond verschwindet, muss ich schon weg sein. In meinem Garten bei Gretchen, Franzl und dem Jonathan haben all meine Freunde und ich festgestellt, dass ich zwei Tage vor dem Vollmond wachse und gleich nach der Vollmondnacht wieder klein werde. Irgendwie hat es uns doch sehr geholfen, dass ich lange Beine bekommen habe, so konnte ich mit dem kranken Jakob doch viel schneller bei dem Vollmond sein. Vielen Dank, dass wir hier bei euch sein durften! Ich kann mir vorstellen, dass dies euer Platz für die Vollmondnacht ist. Übrigens ein wunderschöner, zauberhafter, faszinierender Ort. So, nun aber los, Jakob! Grüni, läufst du mit dem Hasen zurück und du wirst ja bestimmt mit uns fliegen, Tagpfauenauge. Meine Beine und Arme fangen schon an zu kribbeln. Jakob, kannst du mich wirklich schon tragen? Kannst du wirklich schon so weit fliegen?"
Jakob lacht:

„Na klar, ich bin doch gesund! Wenn du wieder klein geworden bist, setzt du dich auf meinen Rücken und wir fliegen los. Du hast mich bis hier hin getragen und jetzt trage ich dich zurück. Ich bin dir sehr dankbar, dass du mich wieder gesund gemacht hast."
Der lange Flug bis nach Hause ist nun doch noch ein bisschen zu lang für Jakob und so unterbrechen beide für kurze Zeit die Reise.
Langsam gleitet die Elster mit ausgebreiteten Flügeln auf einen Laubbaum zu und steht auf den Ästen sicher mit ihren Beinen.
Während der nächtlichen Pause erklingt plötzlich eine klangvolle Stimme durch die Nacht!
„Wie schön Jakob wie schön! Wie schön diese Stimme klingt! Wie klangvoll sie durch die Nacht hallt! Schau doch bloß mal, es ist ein Mann der unter uns auf dem Weg reitet! Es ist ja ein Reiter mit seinem Pferd!"

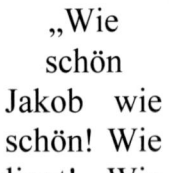

„Ich bin ein kleiner Reiter,
reite immer weiter,
reit alleine durch die Nacht!
Auf dem Berg der Wolf heult.
über mir der Mond scheint,
einsam hält er seine Wacht!

Ja – ja mein Pferd
bist doch mein bester Freund!

Wir reiten eine Weile
Plötzlich schaut ne Eule
Mich mit großen Augen an!
Ich bin ganz erschrocken
mein Pferd fängt an zu bocken,
dass es nicht mehr traben kann!

Ja - ja mein Pferd
bist doch mein bester Freund!

Die Ruhe legt sich wieder
auf uns beide nieder
und wir reiten wie der Wind!
Der Wald fängt an zu klingen
denn die Vögel singen
ein schöner neuer Tag beginnt!

Ja – ja mein Pferd
bist doch mein bester Freund!

Und mit großer Wonne
streckt sich in der Sonne
Alles Leben auf der Welt!
Auf wunderbare Weise
endet diese Reise
ich fühle mich als großer Held!

„War das jetzt schön, Jakob? Siehst du, es ist ganz gut, dass wir für dich doch eine kleine Pause gemacht haben und dann noch so ein schönes Lied mitten in der Nacht hören konnten. Schau, der Reiter ist schon nicht mehr zu sehen. Und wir werden es nun auch bis nach Haus schaffen."
Joni ist immer noch ganz verzückt von diesen Klängen durch die Nacht!
Sie setzt sich wieder bequem auf Jakobs Rücken und beide landen, nach einem beschwingten Flug bei Sonnenaufgang, fröhlich in Kalles verwildertem Garten, und verstecken sich nur ein paar Schritte von der dunklen Terrasse entfernt.
„Jakob, sieh doch einmal hin, auf der Terrasse sitzt Kalle mit seiner Trude zusammen auf einer Bank! Hör doch, sie reden sogar friedlich miteinander, Kalle brüllt nicht einmal. Du Jakob, der weint ja fast. Ich glaube, der weint bestimmt um dich, weil du nicht mehr da warst, als er in die Hütte zurückkam."
Joni findet die Situation sehr spannend, denn wer weiß, was Kalle zum Besten geben wird, wenn er

seinen Liebling wieder erblickt.
Jakob und Joni bewegen sich kaum in ihrem kleinen Versteck, um ja keine Geräusche zu verursachen. Sie hören neugierig zu.
„Du Trude", jammert Jakob, „wenn mein Jakob wieder zurückkommen sollte, werde ich ein ganz anderer Mensch, das verspreche ich dir!"
„Ach Kalle, dass hast du mir schon so oft versprochen, dass du anders wirst. Aber bis heute hat sich da noch nichts geändert", erwidert Trude lustlos. „Ich kann mir eine Veränderung bei dir einfach nicht vorstellen!"
„Trude, wenn er doch schon da wäre, dann könnt ich es dir beweisen, das habe ich dir doch schon öfters gesagt!"
Kalle hat wieder die stinkende, dunkelgrüne Jacke, die fast total zerschlissene Hose, die schweren schmutzigen Schuhe an und die Haare hängen strähnig auf dem Kopf herum.
Und bei Trude schmiegen sich die blonden Locken liebevoll in ihr zierliches Gesicht hinein. Trotz ihrer abgetragenen Kleidung wirkt sie dennoch irgendwie hübsch.
„Wollen wir ihn noch ein bisschen zappeln lassen oder machen wir uns gleich bemerkbar?", fragt Jakob leise.
„Wir machen es so – ich werde versuchen, von hinten her auf seine Schultern zu kommen! Es kann nämlich sein, dass er mich jetzt versteht, wenn ich

wieder in seine Ohren flüstere, weil er seinen männlichen Stolz und seine männliche Stärke abgelegt hat. Und wenn ich dir ein Zeichen gebe, kommst du angeflogen, ja Jakob?"
Joni macht sich also auf den Weg, versucht auf der Terrasse hinter Kalles Stuhl zu kommen, krabbelt an diesem hoch, versucht sich dann am Ärmel festzuhalten und schwupp, sitzt sie wieder auf ihrem – ach - so bekannten Platz.
„Na Kalle", wispert Joni ihm in ein Ohr, „wie geht es dir denn?"
„Schlecht", antwortet Kalle, „sehr schlecht! Mein Jakob ist nämlich nicht mehr da!"
„Sag einmal Mann, hältst du schon wieder Selbstgespräche? Oder was ist mit dir los?"
Trude schaut ihren Mann entsetzt an und schüttelt dabei ihren Kopf.
„Wieso, ich habe doch nur auf die Frage, die ich gehört habe, eine Antwort gegeben!"
„Wem hast du geantwortet?", fragt Trude.
„Na, der Stimme an meinem Ohr! Jetzt weiß ich es, jetzt weiß ich es! Es ist dasselbe Geflüster wie vor ein paar Tagen! Aber da habe ich die Worte noch nicht verstanden, doch jetzt versteh ich alles!"
Kalle hat sogar ein wenig Angst, aber dennoch ist er neugierig darauf, wer wohl mit ihm spricht.
„Kalle", fragt Joni, „hältst du dein Versprechen, wenn Jakob gesund ist? Darf er dann wieder frei fliegen?"

„Ja, ja, ja ich halte mein Versprechen! Aber ich möchte doch so gerne wissen, wo er eigentlich ist!"
Kalle ist ja so schrecklich traurig.
Joni winkt Jakob zu und dieser fliegt, begleitet von seinem neuen Freund, dem Schmetterling Tagpfauenauge, plötzlich vor der Terrasse auf und ab.
„Kräh – kräh – kräh", ertönt es fortwährend.
Kalle ist so überrascht, er ist so erschrocken und kann sich vor Freude kaum beruhigen.
„Jakob! Jakob! Jakob, da bist du ja wieder! Oh – mein Jakob! Ach komm doch mal zu mir! Mein Jakob ist wieder da!"
Jakob setzt sich zu Joni auf Kalles Schulter.
„So Kalle, was sagst du nun zu Jakob?" fragt Joni.
„Ja, ja, Jakob ich habe es dir versprochen, dass ich dich nicht mehr einsperren werde. Ich würde mich aber freuen, wenn du mich ab und zu besuchen kommst. Wie ist dein Flügel eigentlich so schnell verheilt? Wie hast du denn das gemacht?"
„Das war ich, die Joni!"
Hastig hüpft sie von Kalles Schulter herunter und stellt sich auf seine übereinander gelegten Hände.
„Du, kleines Wesen hast meinen Jakob wieder

gesund gemacht? Und du hast mich so geärgert, dass ich gedacht habe, ich würde verrückt werden. Doch nun habe ich erkannt, was ich für ein ungehobelter Kerl war oder vielleicht bin ich es noch? Alle Achtung kleines Wesen, alle Achtung", sagt Kalle mit sehr ruhiger Stimme.

„Kalle, du hast aber noch etwas versprochen!" Joni lässt nicht locker.

„Ja, ja ich werde wohl nie mehr ein böses Wort zu meiner Trude sagen und in unserem Garten werde ich auch nicht mehr herumbrüllen."

„Hast du gehört Trude, hast du gehört Trude!"

Joni springt vor Freude Trude auf den Schoß und wiederholt lachend immer wieder diese Worte: „Hast du gehört – Trude, hast du gehört – Trude – hast du gehört – Trude!", solange bis Trude nicht mehr ernst bleiben kann, sondern anfängt, aus vollstem Herzen zu lachen!

Ihre wunderschönen Haare wippen im Takt mit, die Grübchen in ihren Wangen werden tiefer und ihre blauen Augen strahlen voller Freude. Ihr helles, wohlklingendes Lachen breitet sich über den großen Garten aus.

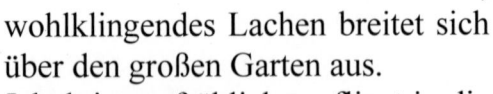

Jakob ist so fröhlich, er fliegt in die Höhe, um sich gleich darauf wieder begeistert fallen zu lassen.

Der Schmetterling Tagpfauenauge mit seinen schönen, blauen Punkten auf seinen braunen zarten Flügeln leuchtet in den Sonnenstrahlen stärker als je zuvor. Und auf einmal, niemand hat es so schnell bemerkt, gesellen sich zu dem Schmetterling viele seiner Artgenossen dazu und nehmen fast die ganze Terrasse mit ihren lustigen, fröhlichen Geflatter ein.

„Hört ihr was? Hört ihr was?", ruft Joni laut.

Trude hält mit ihrem Lachen inne und hört gespannt einem Geräusch zu, das sie schon lange, lange nicht in diesem Garten wahrgenommen hat. „Oh, ist das schön! Wie lange haben in diesem Garten die Vögel nicht mehr gesungen! Ich muss direkt vor Freude weinen."

Der Gesang der vielen Vögel, in dem noch mit leichtem Frühnebel umgebenen Gestrüpp, verzaubert den großen Garten.

Plötzlich krabbeln überall auf der Erde kleine Käfer, Ameisen und viele kleine Tierchen. Die feinen Sonnenstrahlen, die sich mit aller Kraft, trotz des leichtem Nebels, durch das traurige, dicke Gestrüpp der Äste und Blätter mogeln, zeigen ihnen den Weg. Fliegen und Bienen summen in der Luft!

Trude ist wirklich so gerührt, dass sie kaum noch sprechen kann. Sie wischt sich ein paar Freudentränen aus ihrem Gesicht.

„Schaut doch mal! Nein, so etwas! Was passiert hier, was ist hier auf einmal los?", ruft Kalle, als sein Blick in den großen Garten fällt und er mit

Verwunderung die prachtvollen Veränderungen erkennt.

„Komm Joni, setzt dich nochmals zu mir und erzähl mir bitte, was hier eigentlich passiert. Verrate mir doch das Geheimnis! Bitte – Joni!"

„Kalle, weißt du es ist so: wenn du immer so herumbrüllst, erschütterst du mit deiner Kraft des Brüllens den ganzen Garten. Du strahlst dabei so viel Böses aus, dass jeder vor die Angst bekommt und sich lieber verkriecht. Schau, selbst der Schmetterling hat sich in die kleine Steinhöhle verkrochen, wenn er dich nur gesehen hat. Doch ein bisschen Liebe hast du schon gezeigt, hast sie auch in dir, weil du ja deinen Jakob so liebst und dir vorgenommen hast, dich zu bessern, wenn es ihm wieder gut geht. Und da du ein Feingefühl für die Liebe entdeckt hast, deshalb kannst du mich jetzt auch verstehen! Du wirst auch ab jetzt deinen Garten und alles, was darin kriecht, lieben und verehren. Du wirst sehen Kalle, dass dies ein wunderbares Lebensgefühl ist und es wird dir sehr viel Freude machen. Und deine Trude wirst du lieben – wie schön! Denke nicht immer, dass du der Größte bist! Das ist ein verkehrter Stolz! Lass das Gefühl der Liebe zu!"

„Vielen Dank kleine Joni, vielen herzlichen Dank!" Kalle ist begeistert von diesem kleinen, winzigen, entzückendem Wesen.

Große Achtung hat er plötzlich vor Joni!

Vor lauter Scham über sein hässliches Aussehen, streicht er verlegen über seine zerzausten, fettigen Haare, streicht seine schmuddelige Jacke glatt, fährt mit seinen verschmutzten Schuhen an den hinteren Hosenbeinen herunter und versucht zum Abschluss die Hose mit seinen Händen zu glätten.
„Wie liebevoll er sich bewegt", denkt Joni bei sich!
Trude sitzt auf der Bank, lächelt glücklich vor sich hin und blickt voller Hingabe in ihren, vor Glück sprießenden Garten. In Gedanken wird sie sich bestimmt mit jeder einzelnen wunderschön blühenden Blume unterhalten!
Gewiss nicht nur mit den Blumen, sondern auch mit den wunderschönen Bäumen, mit den Tieren. Die lang ersehnten, verloren gegangenen Gesprächspartner, die ihr ständig Halt und innerliche Geborgenheit gegeben hatten, die hat Trude nun wieder gefunden!
„Joni, liebe, kleine Joni, alles, alles haben wir dir zu verdanken, dass Jakob wieder gesund ist, dass Kalle nicht mehr so herumbrüllen wird, dass wir die Freude an unseren Garten wieder gefunden haben und dass dieser nun aus seinem Trauer- und Dauerschlaf aufgeweckt wurde! All dies haben wir nur dir - du kleines, entzückendes Wesen – nur dir zu verdanken! Vielen Dank kleine Joni – vielen Dank!"
„Oh, liebe Trude, ich habe es mit so viel Freude und Liebe getan. Dass ich mit meinen Tränen, die

zu Perlen wurden, Jakob helfen konnte, darüber bin ich sehr dankbar! Doch dieses Erlebnis wird dir vielleicht eines Tages Jakob erzählen! Bestimmt war ich nicht das letzte Mal bei euch, irgendwann komme ich wieder und werde mich an der Schönheit eures Gartens erfreuen. Aber nun möchte ich ganz schnell wieder zu meinem Gretchen und Franzl, zu meinem Jonathan und zu all denen, die ich in meinem Garten so liebe! Ich warte ja nur noch auf meine Freunde!"
„Wir sind schon hier, Joni", meint Grüni, „es hat ein bisschen länger gedauert, die Schnecke wollte unbedingt mit uns ziehen, doch sie konnte natürlich nicht so schnell kriechen."
„Dann aber mal los! Jakob, begleitest du uns noch ein Stückchen?"
Nachdem sich Joni von dem Garten, von Trude und Kalle verabschiedet hat, setzt sie sich auf den Rücken der Schnecke, der ja so hässlich ist, aber doch sehr weich und bequem, verschränkt ihre Arme hinter dem Kopf, schlägt ihre Beine übereinander und lässt sich langsam, aber gemütlich nach Hause tragen.
Keiner von ihren besten Freunden darf fehlen!
Vor allem Grüni nicht!
Der Schmetterling Tagpfauenauge nicht!
Eine Zeit lang begleiten viele Vögel in der Luft, und natürlich auch Jakob, die kleine Gesellschaft!
Als Joni plötzlich aus der Ferne ein warmes,

männlich klingendes Gelächter aus dem jetzt so wunderschönen, aufgewachten Garten wahrnimmt, ruft sie:
„Kalle – Kalle – was hast du nur für ein herrliches, klares, warmes Lachen!"
Sie hofft, dass er die Worte noch hören kann!

„Hallo – hallo – hallo – Gretchen und Franzl – und Jonathan – hallo mein Mariechen – hallo – ihr all meine Freunde – hallo Kitti und Krümel - ich bin wieder da! Eure Joni ist wieder bei euch! Wir sind wieder da! Ich hab mich so auf euch gefreut, vor allem auf meine allerliebste Mariechenblüte!"

Esich
In Esich erzählt Helga Röhrl von einer wunderbaren Führung, die sie in ihrem Leben erfahren durfte. Als Ehefrau, Mutter und Hausfrau durchlebte sie viele Höhen und Tiefen, bis sie undefinierbare, schwer depressive Zustände erlebte, die nicht aufhören wollten, sie zu quälen. Ihr scheinbar erfülltes Leben geriet völlig aus den Fugen. Sie wusste nicht mehr wer sie war – wer sie sein sollte. Doch plötzlich hörte sie eine Stimme! War sie schizophren – krank? Ihr bewusst sein gespalten? Zunächst verschlimmerte sich Angst, Zweifel und Furcht vor einer Einweisung in die Psychiatrie. Dann kam alles anders!
Von einer unsichtbaren Hand mit unendlicher Geduld, Liebe und Vertrautheit wurde sie geleitet, begann ein neues, freieres und bewussteres Leben.

Leise Worte
In diesem Buch schreibt die Autorin von einem Betrug seitens einer Bank, die ihre Familie in den Abgrund stürzte und dieser dadurch Hab und Gut, sowie den Lebensmut nahm. Christa hatte das Gefühl, als würde sie von einem dunklen Tuch umhüllt, aus dem sie nicht mehr heraus finden könne. Doch erkannte sie nach einiger Zeit, dass ein Lichtstrahl die Dunkelheit des über ihr liegenden Tuches durchdrang. Dieser Lichtstrahl wurde breiter und breiter, half ihr mit Vertrauen an ihr positives Leben zu denken und mit ihren Füßen fest auf dem Boden zu stehen. Mit Hilfe ihres verstorbenen Vaters Esich konnte sie wieder Menschen und Tieren in deren gesundheitlichen Nöten zu helfen.

Blumengeflüster
„Du wirst die Liebe immer spüren
und die Blumen nie verlieren".

...wie ein Kind
„Kannst du noch lachen wie ein Kind"